...............................님께

바다보다 넓은 꿈을 안고
미래를 향해 달려가는 당신에게
이 책을 선물합니다.
당신의 큰 꿈을 응원하겠습니다.

...............................드림

새우잠을 자더라도
고래꿈을 꾸어라

새우잠을 자더라도 고래꿈을 꾸어라

김선재 지음

황소북스

막대기만큼 바라면 바늘만큼 이루어진다.

－성서

높은 것을 얻으려는 사람은 중간 것을 얻고
중간 것을 얻으려는 사람은 낮은 것을 얻고,
낮은 것을 얻으려는 사람은 아무것도 얻지 못한다.

－중국 속담

꿈꾸지 않으면 아무것도 이룰 수 없다

죽기 직전에 못 먹은 밥이 생각나겠는가
아니면 못 이룬 꿈이 생각나겠는가?

"우물쭈물하다 내 이럴 줄 알았지."

극작가 겸 소설가이자 노벨문학상 수상자인 조지 버나드 쇼의 유명한 말이다. 우왕좌왕하며 아무것도 하지 못하다가 종국에는 죽음을 맞이할 수도 있다는 뜻이다. 결국 죽음에 이르러서야 후회한다는 말이다.

꿈을 꾸지 않으면 어떤 일도 일어나지 않는다.

꿈이 없는 사람은 자신이 어디로 향하고 있는지 알지 못한다. 그저 우물쭈물하기만 한다. 감이 떨어지기만을 기다리며 감나무 밑에서 입을 벌리고 있는 것과 마찬가지이다. 세월의 강에 몸을 맡긴 채 물결대로 흘러간다.

하지만 꿈을 꾸는 사람은 가고자 하는 목적지와 미래가 있는 곳을 정확히 알고 있다. 그들은 목표를 세우고 마치 화살이 과녁을 명중시키듯 원하는 목표를 성취하려고 노력한다.

위대한 사람들의 찬란한 업적은 모두 꿈에서 시작되었다. 헨리 포드는 언젠가 수많은 사람이 적절한 가격의 자동차를 운전할 것이라는 꿈을 꾸었고, 월트 디즈니는 가족들이 함께 시설 좋은 놀이동산에 놀러가는 꿈을 꾸었다. 하늘을 날고 싶다는 꿈이 비행기를 만들었으며, 비행기는 또다시 우주를 여행하고 싶다는 꿈으로 이루어졌다.

국내 최초의 대안학교인 경남 산청 간디학교. 이 학교의 교가는 자녀를 둔 학부모라면 모르는 이가 없을 정도로 유명하다. 2012년 KBS 〈남자의 자격〉의 코너 '패밀리 합창단'에서 선천적 흡수장애증후군을 앓고 있는 송예린, 송민성 남매가 불러 더욱 유명해진 노래이다. 전 세계를 통틀어 20명, 국내에선 단 3명뿐인 희귀병을 앓고 있는 남매가 이 노래를 부르던 모습은 많은 시청자의 눈물샘을 자극했다.

꿈꾸지 않으면 사는 게 아니라고

별 헤는 맘으로 없는 길 가려네
사랑하지 않으면 사는 게 아니라고
설레는 마음으로 낯선 길 가려 하네.

아름다운 세상 꿈꾸며 사랑하는 우리
아무도 가지 않는 길 가는 우리들
누구도 꿈꾸지 못한 우리들의 세상
만들어가네.

밥을 먹지 않는 것을 단식(斷食)이라고 한다. 그럼 꿈을 꾸지 않는 것을 무엇이라고 부를까? 그건 단생(斷生)이 아닐까. 즉 꿈을 꾸지 않으면 인생이 끊기고 만다. 꿈은 산소호흡기와 같아 그것을 떼는 순간 목숨이 끊기고 마는 것이다. 그만큼 꿈은 목숨만큼 중요하다.

인기 웹툰 작가 주호민의 《무한동력》에는 한번 들으면 평생 잊지 못할 명대사가 나온다. 이 웹툰의 주인공은 금융권 대기업의 직원이 되는 게 꿈이다. 하지만 무한동력을 만들기 위해 수십 년째 연구 중인 하숙집 주인은 그건 꿈이 아니라고 말한다.

"내가 보기에 자네가 말한 그 꿈은 계획에 지나지 않네. 그리고 그 계획도 자네 스스로가 짠 게 아니지. 어렸을 때 어른들이 그런 질문을 하지. '넌 이다음에 커서 뭐가 되고 싶냐'고. 그때 자네가 했던 대답이 대기업 직원은 분명 아니었을 거란 말야."

그러자 주인공이 대답한다.

"하하하. 그건 그렇죠! 하지만 꿈이 밥을 주진 않잖아요."

그러자 하숙집 주인이 천금 같은 명언을 남긴다.

"지금 자네에게 필요한 건 밥이 아니야. 죽기 직전에… 못 먹은 밥이 생각나겠는가, 아니면 못 이룬 꿈이 생각나겠는가?"

꿈을 꾸는 사람은 많지만 큰 꿈을 꾸는 사람은 많지 않다. 큰 꿈이란 도박이나 주식으로 한꺼번에 부를 얻는 것이 아니다. 자신의 개인적 욕심을 채우기 위한 꿈은 큰 꿈이 아니다. 큰 꿈은 때때로 과대망상으로 오해받을 수 있다. 큰 꿈과 한탕주의식 야망을 어떻게 구별할 수 있을까. 가장 명백한 차이는 큰 꿈은 멈춰지지 않는다는 것이다. 큰 꿈은 씨앗을 품은 열매처럼 성장을 멈추지 않는다.

성서에는 "막대기만큼 바라면 바늘만큼 이루어진다"라고 했고 중국 속담에도 "높은 것을 얻으려는 사람은 중간 것을 얻고 중간 것을 얻으려는 사람은 낮은 것을 얻고, 낮은 것을 얻으려는 사람은 아무것도 얻지 못한다"라고 했다. 큰 꿈을 꾸어도 실제로는 꿈보다 작게 이루어지는 게 현실이다. 그래서 꿈은 클수록 좋다. 꿈이 크면 그만큼 크게 될 수 있는 확률이 있지만 꿈이 없으면 아무것도 이루지 못한다.

꿈은 인생의 활력이고 희망이다. 꿈이 있는 사람은 매사에 긍정적이고 얼굴이 밝아 다른 사람을 기쁘게 할 뿐만 아니라 희망이 있어 절대로 인생을 포기하지 않는다. 반면에 꿈이 없는 사람은 매사에 부정적이어서 조금만 힘들어도 고통을 참아내지 못하고 인생을 쉽게 포기하려 한다. 그래서 꿈을 갖고 사는 것은 인생을 사는 데 있어서 크나큰 이득이 된다.

큰 꿈을 꾸는 것은 성공하기 위해서가 아니다. 큰 꿈이 작은 꿈보다 동기 부여가 더 크기 때문이다. 이 말은 큰 꿈을 꾸는 사람이 작은 꿈을 꾸는 사람보다 성공할 확률이 더 높다는 뜻이다. 큰 꿈을 가지고 매일 그 꿈을 위해서 살아가자.

2013년 여름
저자 김선재 드림

목차

01
꿈이 당신을 잠에서 깨게 하라
가족의 비극을 꿈으로 승화한 영화감독 빌리 와일더

"아침에 당신을 벌떡 깨울 수 있는 꿈을 가져야 한다."

영화감독인 빌리 와일더의 말이다. 빌리 와일더는 1906년 오스트리아 시골의 유대인 가정에서 태어났다. 마릴린 먼로가 지하철 환풍구에 서서 치마를 부여잡는 것으로 유명한 〈7년만의 외출〉과 오드리 헵번의 청순미가 돋보인 〈사브리나〉 등이 그가 연출한 작품이다.

빌리 와일더에게는 커다란 아픔이 있었다. 빈 대학을 중퇴하고 독일 베를린에서 생활할 때의 일이다. 한 지방 신문에서 범죄나 스포츠에 관한 스토리를 쓰고 돈을 벌던 그는 우연한 기회에 영화에 흥미를 느끼게 되어 영화 대본 작가로 활동하기 시작했다. 때는 바야흐로 히틀러가 독일 국민의 영웅으로 떠오를 때였다.

"이곳에서 더는 영화 일을 할 수 없을 것 같아. 함께 미국으로 도망치자고."

동료 작가의 말에 빌리 와일더는 망설였다.

"하지만 이곳에는 내 가족들이 있네."

"자네 현실을 생각해보라고. 자네는 아직 재능과 열정밖에 가진 게 없는 무명 작가에 불과해. 가족들을 함께 데리고 가서 어떻게 하겠단 말인가. 빌리, 할리우드에 가서 돈을 많이 번 후에 가족들을 데리고 와도 늦지 않다네."

며칠 밤을 고민하던 빌리 와일더는 결국 친구를 따라 미국으로 갔다. 하지만 그것이 가족과의 마지막이라는 것을 그는 알지 못했다.

"빌리, 슬픈 소식이네. 유감일세."

독일에서 날아온 전보에는 충격적인 소식이 담겨 있었다. 빌리 와일더가 그토록 사랑하던 그의 조부모와 어머니가 아우슈비츠 수용소에 끌려가 비참한 최후를 맞이한 것이다. 그의 가족이 유대인이라는 이유 때문이었다.

그때부터 빌리 와일더는 이를 악물고 영화 시나리오에 몰두하기 시작했고 감독으로 성공할 수 있었다. 그는 밤마다 아우슈비츠에서 죽은 가족들의 악몽에 시달렸지만 아침에 일어날 때면 늘 새로운 일을 할 수 있다는 기쁨에 가슴이 벅찼다.

'언젠가는 내 가족에 대해 영화로 이야기할 수 있는 날이 올 거야. 그 꿈을 이루기 위해 나는 또 다른 아침을 맞이할 거야.'

결국 빌리 와일더의 꿈은 1953년에 이루어졌다. 제2차 세계대전 말기 독일 포로수용소를 무대로 유머와 서스펜스 그리고 스릴을 혼합한 가장 재미있는 작품으로 평가되고 있는 〈제17수용소〉를 완성한 것이다.

빌리는 포로 역에도 가능한 한 현실감을 살리기 위해 제17 포로수용소에 수용되었던 사람들에게 출연을 요청했다. 14명의 사람들이 실제로 영화에 참여했다. 그들의 증언은 이 영화를 완성도 있는 작품으로 만들어주었다. 이 작품으로 주인공인 윌리엄 홀든은 아카데미 남우주연상을 수상하는 쾌거를 이루었으며 빌리는 가장 촉망받는 영화감독으로 우뚝 섰다. 무엇보다 고무적인 것은 이 영화 덕분에 미국인들은 참혹한 유대인 수용소의 실상을 알게 되었다는 것이다.

'돌아가신 조부모와 어머니에게 조금이라도 빚을 갚아 다행이

야. 다시는 이런 비극이 지구상에 없기를. 할아버지 할머니 그리고 어머니 이제 편히 잠드세요.'

빌리 와일더는 미국에서 50년이 넘도록 60편이 넘는 작품을 만들었다. 할리우드 황금시대에 활동한 총명하고 다재다능한 영화제작자의 한 사람으로 꼽히는 그는 많은 작품이 비평가와 대중으로부터 사랑을 받았다. 아카데미 감독상을 비롯해 베니스 영화제 황금사자상도 그의 품에 안겼다.

아침에 벌떡 잠에서 깨어나게 만드는 꿈을 가지고 있는가?

이 질문에 '예'라고 대답할 수 없다면 당신의 주변을 다시 돌아보아야 한다. 세상에는 두 가지 종류의 사람이 있다. 꿈을 꾸는 사람과 꿈을 잃어버린 사람이다. 많은 사람이 꿈을 꾸며 살아가고 있다. 삶이 꿈이고 꿈에서 삶이 시작된다. 설령 이루어지지 못하더라도 꿈을 꿀 수 있다는 것 자체가 행복이고 축복이다.

빌리 와일더를 세계적인 감독으로 만든 것은 가족에 대한 복수심 때문일 수도 있다. 하지만 그는 아침에 자신을 벌떡 깨울 수 있는 꿈을 가지려고 노력했고 실제로 그렇게 했다. 영화를 통해 자신이 하고 싶은 이야기를 하는 것이 그의 꿈이었고 인생이 목표였다.

찰리 헤지스는 이런 말을 남겼다.

"꿈이란 당신이 잠에서 깨어나면 잊어버리는 그 무엇이 아니라 당신을 잠에서 깨우는 그 무엇이다."

오늘 곰곰이 생각해보자.

당신은 오늘 자면서 꿈을 꾸는가?

아니면 깨어나 꿈을 이루고 있는가?

Dream Tip

세상에는 두 가지 종류의 사람이 있다. 꿈을 꾸는 사람과 꿈을 잃어버린 사람이다. 많은 사람이 꿈을 꾸며 살아가고 있다. 삶이 꿈이고 꿈에서 삶이 시작된다. 설령 이루어지지 못하더라도 꿈을 꿀 수 있다는 것 자체가 행복이고 축복이다.

02

한계를 극복하고 꿈에 도전하라

장애를 극복하고 세계적인 가수가 된 레나 마리아

스웨덴의 한 마을에서 여자아이가 태어났다. 세상의 축복을 받아야 할 아기는 두 팔이 없고 한쪽 다리마저 짧았다. 의사가 부모에게 말했다.

"이 아이는 정상적인 생활이 불가능합니다. 국가가 운영하는 보호소에 맡기는 게 좋을 듯합니다."

부모가 대답했다.

"이 아이는 하나님이 주신 선물입니다. 전 이 아이를 정상아와 똑같이 기를 겁니다."

부모는 정성을 다해 아이를 키웠다. 세 살부터 수영을 가르쳐

물에서 놀게 했다. 열아홉 살에는 세계장애인 수영선수권 대회에 참가해 두 개의 금메달과 한 개의 동메달을 땄다.

그녀에게는 꼭 이루고 싶은 꿈이 있었다. 어릴 때부터 그림과 음악을 좋아했던 그녀의 꿈은 직접 작곡을 하고 노래를 부르는 것이었다. 그녀는 자신의 꿈을 위해 스톡홀름 왕립 음악대학에 입학했다. 발로 악보를 그리고 노래를 불렀다.

"미국에 가서 재즈와 가스펠을 공부하고 싶어요."

그녀의 간절한 꿈은 이루어졌다. 스웨덴 국왕의 특별 장학금을 받아 미국에서 공부할 수 있게 된 것이다. 그녀의 이름은 레나 마리아. 사람들은 마리아에게 '천상의 목소리를 지닌 천사'라고 불렀다.

레나 마리아는 양팔이 없고 똑바로 걸을 수 없다. 하지만 한 발로 그림을 그리고 한 발로 서서 피아노를 친다. 20년 동안 한 번도 사고를 내지 않은 운전 경력을 갖고 있기도 하다. 뜨개질을 좋아하고 요리도 잘한다. 비록 혼자서 옷을 입는데 12년이라는 세월이 걸렸지만 그녀는 포기하지 않았다.

만약 레나 마리아의 부모가 그녀를 장애가 있는 아이라고 보호소에 맡기거나 내버려두었으면 어땠을까? 아마도 레나 마리아는 평생을 다른 사람들의 도움을 받으며 장애인으로 살았을 것이다. 하지만 레나 마리아와 그녀의 부모는 그런 인생으로 내버려두지 않고 정상인의 삶을 살 수 있도록 노력했다.

레나 마리아는 항상 웃는 얼굴이다. 신문이나 방송에도 얼굴을 찡그린 모습을 찾아볼 수 없다.

어느 날 한 기자가 물었다.

"어떻게 하면 그렇게 밝을 수가 있죠?"

레나 마리아가 대답했다.

"밝지 않을 이유가 내겐 없으니깐요."

그녀의 수기집인 《발로 쓴 내 인생의 악보》는 전 세계에 출간되어 초대형 베스트셀러가 되었다. 어린 시절, 다른 아기들이 손을 쓰는 법을 배울 때 레나 마리아는 살아가는 법을 스스로 터득해야만 했다. 엄지발가락에 우유병을 끼우고 입술로 쪽쪽 빨았으며 어깨와 턱 사이에 물건을 끼워서 입으로 들어 올렸다. 레나는 1995년 정상인인 비올라 연주가와 결혼해 스웨덴에서 행복하게 살고 있다.

그녀는 한 인터뷰에서 이렇게 말했다.

"멀쩡한 신체를 가지고도 꿈을 위해 도전할 줄 모르는 것이 장애입니다. 어떠한 어려움이 있더라도 한계를 극복하기 위해 도전하는 순간 당신은 이미 승리자입니다. 여러분이 간절히 원하고 노력한다면 무엇이든지 이룰 수 있습니다."

이 세상에 불가능이란 없다. 세상이 설정해놓은 한계를 뛰어넘어야 한다. 또한 스스로 한계를 만들지 말아야 한다.

멀쩡한 신체를 가지고도 꿈을 위해 도전할 줄 모르는 것이 장애입니다. 어떠한 어려움이 있더라도 한계를 극복하기 위해 도전하는 순간 당신은 이미 승리자입니다. 여러분이 간절히 원하고 노력한다면 무엇이든지 이룰 수 있습니다.

신뢰와 믿음이 없으면 꿈도 없다

전설적인 자동차 판매왕 조 지라드의 '250명의 법칙'

'조 지라드의 250명 법칙'이라는 게 있다.

조 지라드는 15년간 13000대 이상의 자동차를 판매해 '자동차 명예의 전당'에 오른 유일한 세일즈맨이며 기네스북에도 올랐다. 그는 12년 연속 판매왕 자리를 차지했는데, 하루 평균 6대를 팔았다. 하지만 그는 35세까지 실패한 낙오자였다. 이탈리아 시칠리아에서 온 집안의 술주정뱅이인 아버지의 자식으로 태어난 그의 첫 직업은 구두닦이였고, 그 후 40개의 직업을 전전했다.

'이제 나도 한 직장에 정착할 될 때가 되었어.'

조 지라드는 시보레 자동차 판매사원으로 취직했다. 초기 실적은 저조했다. 밑바닥 인생을 전전해온 그에게 자동차를 구입할 만큼의 여유를 가진 인맥이 있을 리 만무했다. 조 지라드는 몇 달 동안 자동차를 한 대도 팔지 못했다.

어느 날 전화가 걸려왔다.

"조, 집으로 얼른 와야겠구나. 어제 새벽에 친척 아주머니가 돌아가셨단다."

조는 가족들과 함께 장례식장으로 향했다. 장례식장에는 이미 많은 사람이 와 있었다. 검은 옷으로 수놓은 문상객들을 보며 조는 생각했다.

'저 사람들이 모두 내 고객이었으면 얼마나 좋을까. 한 대씩만 팔아도….'

그때 문득 스치고 지나가는 생각이 있었다. 조는 직원에게 달려가 물었다.

"오늘 참석한 문상객이 몇 분이시죠?"

직원이 대답했다.

"한 250명 정도가 됩니다."

며칠 후 조는 친한 장의사로부터 뜻밖의 이야기를 들었다.

"더러 차이는 있지만 대개의 장례식에는 250명 정도의 하객이 온다네."

조는 고개를 끄덕였다.

몇 달 후 이번에는 친척의 결혼식이 있었다. 호기심이 발동한 조는 그 결혼식장의 담당자를 찾아가 물었다.

"결혼 하객들의 평균 숫자가 얼마나 됩니까?"

담당자는 웃으면서 대답했다.

"더러 차이는 있지만 대개 신랑 측에 250명, 신부 측에 250명 정도가 됩니다."

순간 조의 입가에 웃음이 지어졌다.

'한 사람의 인생에서 가장 중요한 순간이자 사건인 결혼식과 장례식의 하객 평균이 250명이라는 것은 결코 우연이 아니야. 결국 한 사람의 일생이라는 건 250명의 테두리 안에서 움직이는 거야.'

조의 이러한 수치 계산은 자신의 주변에 영향을 미칠 수 있는 사람이 대략 250명 정도라는 의미로 받아들여졌다. 사람은 누구나 250명 정도에게 영향을 미칠 수 있으므로 자신에게 만족한 고객은 주변의 250명에게 좋은 영향을 미치고 불만족한 고객은 250명에게 나쁜 영향을 미치게 된다는 것을 깨달은 것이다.

"한 사람에게 신뢰를 잃으면 그것은 곧 250명의 고객을 잃는 것과 마찬가지야!"

조는 이러한 신념으로 고객 한 사람 한 사람을 귀빈으로 정성껏 모셨다. 그 결과 고객들로부터 무한한 신뢰를 얻었고 조의 명성은 더욱 높아져만 갔다. 조가 이룩한 15년간 13000만 대 판매 기록은 아직까지 깨지지 않고 있다.

나무는 한 번 자리를 잡으면 평생을 움직이지 않는다. 시간이 지날수록 뿌리는 더욱 깊어지고 가지는 하늘을 향해 치솟는다. 인간의 신뢰와 믿음도 이와 같다. 신뢰와 믿음이 자라지 않는 나무가 되어서는 안 된다. 한번 뿌리를 내린 불신과 나쁜 평판은 250명의 사람을 잃게 만들 것이다.

자신의 꿈을 이루기 위해서는 어떤 사람을 만나더라도 신뢰와 믿음을 잃지 말아야 한다. 한 사람에게 신뢰와 믿음을 얻는다는 것은 곧 250명을 얻는 것과 똑같다는 사실을 잊지 말아야 한다.

Dream Tip

나무는 한번 자리를 잡으면 평생을 움직이지 않는다. 시간이 지날수록 뿌리는 더욱 깊어지고 가지는 하늘을 향해 치솟는다. 인간의 신뢰와 믿음도 이와 같다. 자신의 꿈을 이루기 위해서는 어떤 사람을 만나더라도 신뢰와 믿음을 잃지 말아야 한다.

04

꿈을 이루기에 늦은 나이란 없다

마흔 살에 정치에 입문해 영국 총리가 된 스탠리 볼드윈

"청춘이란 인생의 어떤 기간이 아니라 마음가짐이다."

사무엘 울만의 〈청춘〉이라는 시의 첫 대목이다. 그는 이 시에서 나이를 더해 가는 것만으로 사람은 늙지 않으며, 이상을 잃어버릴 때 비로소 늙는 것이라고 노래했다. 그리고 때로는 스무 살 청년보다 예순 살 노인이 더 청춘일 수도 있다고 했다.

인생에서 무엇을 하기에 너무 늦은 나이란 없다. 자신이 이루고 싶은 꿈과 목표만 있다면 나이쯤은 대수롭지 않다. 아시아 최초의 노벨문학상 수상자인 인도의 타고르는 70세에 그림을 배웠으며, 맥아더 장군이 인천상륙작전을 지휘하던 때는 정확히 70

세였다. 이들 뿐만이 아니다. 우리가 알고 있는 위인들도 나이에 상관없이 자신의 꿈과 목표를 이루었다.

21세, 스티브 잡스는 애플 컴퓨터를 창업했다.

35세, 짐 모리스는 메이저리그에 데뷔했다.

40세, 박완서는《나목》을 발표하며 소설가로 데뷔했다.

44세, 샘 월튼은 월마트 1호점을 오픈했다.

48세, 질레트는 면도기 회사인 킹 질레트를 창업했다.

45세, 조지 포먼은 헤비급 챔피언 벨트를 되찾았다.

52세, 레이 크록은 맥도날드를 창업했다.

62세, 스타이크는《슈렉》을 발표하며 동화 작가가 되었다.

65세, KFC의 커넬 샌더스는 600여 개의 체인점 사장이 되었다.

70세, 차사순은 960번째 도전 끝에 운전면허증을 땄다.

90세, 도리스 해덕은 4800킬로미터를 걸어 미국을 횡단했다.

92세, 파우자 싱은 마라톤에서 5시간 40분 만에 완주했다.

이들은 모두 인생의 종반부를 전반부나 후반부보다 더 멋있게 장식한 사람들이다. 나이에 집착하기보다 현재의 나이에도 할 수 있는 일을 찾았다.

영국의 총리이자 세계 정계의 거물로 활약한 스탠리 볼드윈은 부호의 아들로 태어났다. 케임브리지 대학교 트리니티 칼리지를 졸업한 뒤에는 아버지가 경영하는 볼드윈 철강 회사에 입사하고 곧 중역이 되었다.

"나도 스탠리처럼 금숟가락을 물고 태어났어야 했는데."

"평생을 써도 남을 돈도 있고, 권력도 있다니 스탠리를 진정한 행운아야. 복도 많은 녀석."

친구들과 주위 사람들은 부러움과 시기로 스탠린을 대했다. 임원에서 부사장으로 승진한 그가 사장이 되는 것은 시간 문제였다. 이렇게 차근차근 경영수업을 받고 있던 볼드윈에게 청천벽력 같은 소식이 전해졌다. 국회의원을 하던 아버지가 갑자기 사망한 것이다. 그때 볼드윈의 나이 마흔이었다.

아버지는 볼드윈의 전부였다. 가장 사랑하고 존경하는 사람이자 그의 인생에서 가장 든든한 후원자이기도 했다. 볼드윈은 갑부인 아버지가 굳이 해도 되지 않을 정치에 뛰어든 이유를 알고 있었다.

'아버지는 모두가 잘 살 수 있는 세상, 좀 더 좋은 세상을 위해 국회에 들어갔어. 철강 회사를 운영하시면서 마음 편히 살 수도 있었는데 국가에 봉사하기로 다짐한 거야.'

　　스탠리 볼드윈은 며칠을 고민한 끝에 자신의 뜻을 가족들에게 전했다.

　　"오늘부터 저는 아버지의 뒤를 이어 정치를 하겠습니다. 국회의원이 되어 아버지가 못다 이룬 꿈을 이루겠습니다. 그게 아무래도 제가 가야할 길인 것 같습니다."

　　가족들은 모두 반대했다. 특히 그를 오랫동안 지켜보았던 친구들의 반대가 심했다. 위험을 감수할 필요도 없고 정치를 하기에는 너무 나이가 많다는 이유였다.

　　어느 날 한 친구가 볼드윈에게 말했다.

　　"정치에 입문하기에 자네 나이는 너무 많네. 생각해보게나. 우리 또래 정치가들은 이미 오래전부터 장차관이나 총리 자리를 노리며 차근차근 준비해왔네. 하지만 자네는 아무런 정치적인 배경도 후원도 없네. 더구나 자네 마흔이지 않은가."

　　볼드윈이 웃으며 대답했다.

　　"자네 말에도 일리가 있네. 하지만 뜻을 세우는데 늦은 나이는 없다고 생각하네. 다행히 아버지가 유산을 약간 남겨주셔서 먹고 살 걱정은 없네. 앞으로 영국을 위해 일해보고 싶네."

　　결국 볼드윈은 1908년 보수당 소속으로 하원의원에 당선되었다. 그리고 상무상, 재무상을 거쳐 1923년에서 1937년까지 무려

세 번이나 영국 총리가 되었다. 우리가 잘 알고 있는 처칠은 스탠리 볼드윈 총리 내각에서 서열 2위인 재무장관까지 올라갔으며 1940년 영국의 총리가 되었다.

나이가 많다는 핑계를 대고 자신의 꿈을 접어두고 있는 사람이 있다면 지금 당장 시작해라. 꿈을 이루기에 너무 늦은 나이란 없다. 당신이 나이를 핑계로 꿈을 차일피일 미루면 꿈은 이루어지지 않고 평생 당신의 뒤에서만 머무를 것이다.

Dream Tip

인생에서 무엇을 하기에 너무 늦은 나이란 없다. 자신이 이루고 싶은 꿈과 목표만 있다면 나이쯤은 대수롭지 않다. 나이가 많다는 핑계를 대고 자신의 꿈을 접어두고 있는 사람이 있다면 지금 당장 시작해라.

05

큰 물고기는 어항 속에서 살 수 없다

호텔 청소부에서 힐튼 호텔 창업자가 된 콘래드 힐튼

코이라는 이름의 잉어가 있다. 코이는 작은 어항에 넣어두면 5센티미터밖에 자라지 않지만 연못에 넣어두면 10센티미터까지 자라고, 커다란 강에 놓아두면 20센티미터까지도 자란다. 이는 스스로 환경에 적응하는 코이의 유별난 습성 때문이다.

꿈도 마찬가지이다. 큰 꿈을 이루기 위해서는 먼저 생각과 환경을 자신에게 유리하게 만들 줄 아는 지혜가 필요하다. 들국화의 〈사노라면〉이라는 노래처럼 '비가 새는 작은방에 새우잠을 잔다고 해도' 꿈은 대양을 헤엄쳐 나가는 고래처럼 원대하고 커야 한다. 이런 생각을 가슴에 품어야 한다.

‘나는 앞으로 고래가 되어 대양을 헤엄칠 큰 꿈을 가진 사람이다. 고래는 좁은 어항 속에서 살 수 없다.’

코이가 살아가는 공간에 따라 몸의 크기 차이가 4배 더 넘도록 자라는 것은 환경이 얼마나 중요한지를 말해준다. 옛 어른들이 ‘말은 제주도로 보내고 사람은 서울로 보내라’고 한 것도 사회적 환경이 큰 꿈을 이루기 위해 중요하다는 것을 우회적으로 말해준다.

큰 꿈을 꾸기 위해서는 먼저 자신을 둘러싸고 있는 어항의 크기를 알아야 한다. 자신의 환경을 파악했다면 더 큰 세상에 나가기 위한 준비를 해야 한다. 낡고 칙칙한 고정관념이 자신 속에 들어 있다면 과감하게 깨뜨려야 한다. 더 큰 세상을 보고 경험한 사람들의 이야기를 경청해야 하고, 그들의 환경 속으로 들어가기 위해 최선을 다해야 한다.

가장 성공한 호텔 체인으로 평가받고 있는 힐튼 호텔 앤 리조트. 이 호텔의 창업자인 콘래드 힐튼은 노르웨이계 독일인 이민자의 아들이었다. 어렸을 때부터 가난하게 자라 온갖 일을 해야 했던 힐튼은 고향을 떠나 일자리가 많은 텍사스로 왔다. 그의 첫 직업은 호텔 청소부. 그는 호텔에서 숙식을 해결하며 커다란 꿈을 가슴에 품고 있었다. 그가 숙소로 쓰고 있던 방에는 다음과 같은 문구가 걸려 있었다.

―내 꿈은 미국에서 가장 큰 호텔의 주인이 되는 것이다. 내가 호텔을 경영하리라고 믿는 사람은 나 자신뿐이다. 하지만 나는 반드시 내 꿈을 이룰 것이다.

그로부터 10년 후 힐튼은 7개의 체인을 가진 텍사스 주 최초의 호텔 체인으로 우뚝 서게 되었다. 그리고 2013년 현재 힐튼 호텔은 90개국에 3900개의 호텔 지점을 두고 있는 세계적인 호텔 체인으로 명성을 이어나가고 있다.

호텔 청소부에서 시작해 미국 최고의 호텔을 세우겠다는 그의 꿈은 미국을 넘어 전 세계로 뻗어나갔다. 만약 힐튼이 열심히 일을 해서 호텔 청소부의 매니저나 호텔의 지배인이 되겠다는 꿈을 꾸었다면 어떻게 되었을까?

옛말에 '호랑이를 그리려 노력하면 고양이라도 그리지만 고양이를 그리려면 아무것도 못 그린다'는 말이 있다. 꿈은 콘래드 힐튼처럼 크게 그려야 한다. 큰 꿈이 있어야 가는 길도 멀리 갈 수 있다.

꿈과 성공은 함수관계이다. 당신이 꾸는 꿈의 크기에 정비례하여 성공의 크기 또한 결정된다. 따라서 큰 꿈을 꾸어야 한다. 그래야만 원하는 목표에 버금가는 성과를 이룰 수 있다. 꿈꾸는 데는 수고도 돈도 필요치 않다. 단지 마음속에 당신이 갖고 있는 무한한 잠재능력만 일깨워 꿈과 잘 조화를 이루어 나가도록 만들면 된다. 물론 과욕에 사로잡혀서 너무 허황된 꿈을 꾸어서는 안 된다.

콘래드 힐튼은 한 강연회에서 이렇게 말했다.

"성공의 크기는 꿈의 크기에 비례한다. 꿈을 크게 가져라. 그러면 언젠가는 그 꿈을 이룰 수 있는 능력 또한 갖게 된다."

꿈은 가능한 크게 가져야 한다. 남들이 보기에 허황되고 비현실적이라도 작은 꿈을 가슴에 품지 마라. 큰 꿈도 세파에 시달리다 보면 작아지고, 작아진 꿈은 어느새 당신의 손에서 스르르 빠져나가게 된다.

크고 원대한 꿈은 행동도 실천도 크게 만든다. 그러나 소박한 꿈은 그 꿈의 크기만큼이나 사고도 행동도 소박하게 만든다. 우리 인간은 능력이 무한대임에도 불구하고 스스로 그 꿈을 제한 또는 축소시키려고 노력하는 경향이 있다. 도전하는 게 두렵고 무섭기 때문이다. 그리고 이렇게 자기의 꿈을 자꾸만 축소시켜 나가게 되면 결국은 자기의 마음도 스스로 위축되어 소인이 되어버리기 십상이다.

큰 물고기는 작은 어항 속에서 살 수 없다. 자신에게 맞는 크기

의 강을 만나야 한다. 무엇보다 그 강에서 마음껏 헤엄칠 수 있는
크기의 물고기가 되는 것은 자신의 선택이라는 사실을 잊어서는
안 된다.

꿈은 가능한 크게 가져야 한다. 남들이 보기에 허황되고 비현실적이라도 작은 꿈을
가슴에 품지 마라. 큰 꿈도 세파에 시달리다 보면 작아지고, 작아진 꿈은 어느새 당신
의 손에서 스르르 빠져나가게 된다.

06

최고의 작품은 아직 완성되지 않았다

팔십 평생 꿈을 잃지 않았던 희극배우 찰리 채플린

어느 날 한 기자가 찰리 채플린에게 물었다.

"당신이 생각하기에 당신의 최고 걸작은 무엇입니까?"

찰리 채플린이 웃으면서 답했다.

"아마도 다음 작품이겠죠."

찰리 채플린의 어린 시절은 불우했다. 뮤지컬 배우였던 어머니는 후두염으로 목소리를 잃고 무대에 설 수 없었고, 급기야는 정신병원에 입원하기도 했다. 끼니도 해결할 수 없어 거리를 떠돌며 구걸했고 빈민구호소에서 생활했다. 하지만 그에게는 꿈이 있었다. 희극배우가 되어 희망을 잃은 사람들에게 웃음을 선사하는 것. 그는 여덟 살이라는 어린 나이에 무대에 올라 팔십 평생을 희극배우와 감독으로 살았다.

무성영화 시대에 자신만의 독특한 스타일로 데뷔작 〈키드〉를 발표한 찰리 채플린은 이후 〈위대한 독재자〉, 〈모던 타임즈〉, 〈시티 라이트〉 같은 걸작을 발표하며 아티스트 반열에 올랐다. 채플린은 세상이 자신에게 최상의 것과 최악의 것을 동시에 선사한다고 생각했다. 그래서 행운과 불운이 언제 어떻게 찾아올지 모른다는 믿음을 갖고 있었다. 중요한 것은 한번도 꿈을 잊어버리지 않았다는 것이다.

찰리 채플린은 사람들의 찬사와 성공에 만족하지 않고 언제나 더 좋은 작품을 위해 팔십이 넘어서도 메가폰을 손에서 놓지 않았다. 최고의 걸작은 다음 작품이라고 말할 수 있었던 것도 꿈을 향한 자신의 여정이 끝나지 않았기 때문이다.

"인생은 멀리서 보면 희극이지만 가까이서 보면 비극이다."

찰리 채플린은 희극과 비극을 오가며 관객들을 웃기고 울렸다. 그는 영화 속에서 인생의 모든 비극과 희극을 경험했고, 그가 만든 수많은 영화 속에서 늘 우리와 함께 살고 있다.

찰리 채플린은 이런 말을 남겼다.

"나는 행운과 불운이 떠다니는 구름처럼 종잡을 수 없는 것이라는 믿음을 갖고 있다. 때문에 나는 아무리 나쁜 일이 일어나도 별로 놀라지 않는다. 오히려 좋은 일이 일어나면 놀라면서 한편으로 기뻐한다. 나는 인생에 대해 어떤 구상도 철학도 없다. 내게 인생이란 그저 투쟁일 뿐이다. 인생은 변덕스럽다. 나는 여전히 꿈과 야망이 있다. 그리고 죽는 그날까지 은퇴하지 않을 것이다."

대부분의 사람은 자신이 이루어놓은 작은 성과에 만족한다. 그리고 이를 자랑삼아 이야기한다.

"내가 왕년에는 얼마나 잘 나갔는데."

"한때 모든 사람이 내 발 밑에서 설설 기었지."

이런 사람들은 옛 명성이 현재에도 통할 것이라는 착각 속에서 산다. 이렇게 과거를 팔아먹고 사는 사람들에게 미래란 좀처럼 다가오지 않는다.

자신의 꿈을 이루기 위해서는 목표를 세우고 그것을 달성하기 위해 부단한 노력을 해야 한다. 그런 작은 성공들이 모여 마침내 자신이 세운 큰 꿈을 이룰 수 있다. 불행도 마찬가지이다. 꿈을 이루기 위해 달려가다 보면 수많은 난관과 어려움에 봉착하게 된다. 하지만 그런 장애물도 꿈을 향한 하나의 과정이라고 생각해야 한다.

발은 현재에 내딛고 있지만 꿈을 향한 여정은 늘 미래 속에 있어야 한다. 무엇보다 중요한 것은 자신이 이루어낸 성과보다 더 나은 성과를 위해서 끊임없이 노력해야 한다는 것이다. 작은 성공에 결코 만족하지 말고, 더 큰 꿈을 향해 꿈을 꿔야 한다. 버튼 브레일리는《최고의 작품은 아직 완성되지 않았다》에서 이렇게 노래했다.

최고의 시는 아직 쓰여지지 않았다.

최고의 집은 아직 지어지지 않았다.

최고봉은 아직 정복되지 않았다.

최대의 강에 다리는 아직 놓여지지 않았다.

그러므로 두려워 말고 초조해하지도 말라.

약한 마음을 먹지도 말라.

기회는 이제 막 도래하고 있다.

최고의 일은 아직 시작되지 않았다.

최고의 작품은 아직 완성되지 않았다.

큰 꿈을 이루기 위해서는 자기만족에 그쳐서는 안 된다. 끊임없이 자기검열을 하고 그 꿈에 다가가기 위해 더 큰 발걸음을 떼야 한다. 과거의 작은 성공에 결코 의시되거나 자만하지 마라. 당신의 최고 작품은 아직 완성되지 않았다. 꿈은 과거완료형이 아니라 현재진행형이어야 한다는 것을 명심하라. 아직도 배우고 이루어야 할 꿈들이 당신 가슴속에 남아 있음을 기억하라.

자신의 꿈을 이루기 위해서는 목표를 세우고 그것을 달성하기 위해 부단한 노력을 해야 한다. 그런 작은 성공들이 모여 마침내 자신이 세운 큰 꿈을 이룰 수 있다. 작은 성공에 결코 만족하지 말고 더 큰 꿈을 향해 꿈을 꿔야 한다.

07

꿈을 이루기 위해 시간을 낭비하지 마라
가난한 소년에서 미국 지폐 백 달러의 주인공이 된 벤자민 프랭클린

미국 지폐 100달러의 주인공이기도 한 벤자민 프랭클린이 소년 시절 서점의 점원으로 일할 때의 일이다.

하루는 손님이 몇 차례 책값을 물었다.

"이 책은 얼마입니까?"

프랭클린이 답했다.

"5달러입니다."

"그렇군요."

손님은 이 책 저 책을 살펴본 후 다시 그 책을 들고 와 가격을 물었다. 프랭클린은 웃으면서 답했다.

“6달러입니다.”

손님이 당황하며 물었다.

“아니 아까는 5달러라고 하더니 지금은 왜 6달러입니까?”

손님의 항의에 프랭클린이 답했다.

“Time is money.”

그리고 다음과 같은 말을 덧붙였다.

“저에게 가장 값진 것은 시간입니다. 손님께서 제 시간을 낭비하고 계시니 돈을 더 받을 수밖에 없습니다.”

손님은 아무런 말도 하지 못했다.

시간을 소중하게 여긴 벤자민 프랭클린은 지독하게 가난하고 형제가 많은 가정의 열 번째 아들로 태어났다. 정규 학업을 받지 못한 그는 인쇄 기술을 배워 나중에 인쇄소의 사장이 되었다. 경영자로서 성공가도를 달렸지만 그는 만족하지 않았다.

“내 꿈은 돈을 많이 버는 것이 아니야. 내가 조금이라도 도움이 된다면 조국을 위해서 일하고 싶다.”

프랭클린은 다양한 분야에서 자신의 꿈을 마음껏 펼쳤다. 우체국장을 하기도 하고 과학 분야에 도전해 피뢰침도 발명했다. 책도 여러 권 집필하고 〈미국독립선언문〉의 초안을 작성하기도 했다.

프랭클린이 이처럼 다양한 분야에 도전해 성공할 수 있었던 것은 철저한 시간 관리 때문이었다. 그는 살아생전 시간 관리를 중요시했으며 자기만의 시간 관리 철학을 지니고 있었다. "오늘 할 수 있는 일을 내일로 미루지 말라"는 명언을 남겼을 정도로 1분 1초의 시간도 허비하지 않았다.

"내가 가진 힘은 비록 작고 초라하지만 여러 사람에게 도움이 되고 싶어."

그는 한 사람이 얼마나 많은 일을 해낼 수 있는지를 증명해 보였다. 지금도 미국인들은 가장 큰 단위의 지폐인 100달러에서 그를 보며 돈과 시간의 소중함을 깨닫는다. 그는 자신의 저서에서 이런 글을 남겼다.

당신의 인생을 사랑하십니까?
그렇다면 시간을 낭비하지 마십시오.
인생이라는 것은 오직 시간으로 이루어져 있습니다.
세월이 흐른 뒤 보면 어떤 사람은 뛰어나고
어떤 사람은 낙오자가 되어 있습니다.
이 두 사람의 거리는 좀처럼 접근할 수 없습니다.
이것은 하루하루 주어진 시간을 잘 이용했느냐

이용하지 않고 허송세월을 보냈느냐에 달려 있습니다.

꿈을 이루기 위해서는 1분 1초라도 낭비하지 않는 철저한 시간 관리와 성실함이라는 무기가 있어야 한다. 시간은 돈보다 더 중요하다고 생각하는 사람이 꿈을 이룬다.

Dream Tip

당신의 인생을 사랑하십니까? 그렇다면 시간을 낭비하지 마십시오. 인생이라는 것은 오직 시간으로 이루어져 있습니다. 세월이 흐른 뒤 보면 어떤 사람은 뛰어나고 어떤 사람은 낙오자가 되어 있습니다.

08

꿈은 현실을 자라게 하는 묘목이다

몽상을 통해 200여 편의 명작을 남긴 동화 작가 안데르센

"꿈은 현실의 묘목이다."

영국 출신의 명상 작가 제임스 알렌의 말이다.

묘목이란 다른 곳에 옮겨 심을 수 있도록 기르는 어린 나무를 말한다. 묘목이 건강하고 좋아야 좋은 나무로 성장할 수 있다. 여기서 제임스 알렌이 말한 것은 꿈이 결코 허황되어서는 안 된다는 것이다.

애초부터 불가능한 꿈이 있다. 불가능이라기보다는 비현실적이라는 표현이 어울리겠다. 가령 현재의 의학으로서는 할 수 없는 200살까지 건강하게 살기라든가, 우주왕복선을 타고 명왕성

까지 여행하겠다는 꿈같은 것들이다. 이는 인류의 과학이 비약적으로 발달하지 않는 한 좀처럼 이루어질 수 없는 꿈이다.

이렇듯 비현실적인 꿈을 꾸는 사람이 의외로 많다. 요는 꿈은 철저히 현실을 기반으로 해야 한다는 것이다. 그래서 꿈과 현실 사이에는 긴밀한 교류가 필요하다. 당신이 가진 꿈은 현실에서 끊임없이 검증되고 다듬어야 한다. 그리고 당신의 현실은 꿈의 요구에 충실해야 한다. 인간의 꿈과 목표는 끊임없이 변화하고 진화한다. 그리고 그 변화에는 항상 현실이나 환경이라는 변수가 존재한다. 꿈과 현실은 그렇게 서로 상호작용하며 성장하는 것이다.

꿈과 현실의 경계가 모호한 사람이 있다. 거짓말 같은 꿈을 마치 현실처럼 말하는 경우이다. 본인조차 거짓말을 의식하지 못한다. 하지만 꿈과 현실이 상호작용한다는 측면에서 그것이 꼭 나쁜 경우는 아니다. 이런 경계를 활용해 성공한 이가 바로 '동화의 아버지'라 불리는 안데르센이다.

안데르센은 가난한 구두 수선공의 아들로 태어났다. 하지만 그는 자신이 원래 귀족 자제였으나 실수로 수선공의 아들로 태어났다고 믿었다. 거짓이지만 이를 진실로 받아들인 것이다.

하루는 자신이 좋아하는 소년에게 그림을 건네주며 말했다.

“이건 내가 살던 성의 모습을 그린 거야. 조만간 널 이곳으로 초대해서 성대한 파티를 열어줄게.”

소녀는 안데르센을 정신 나간 사람으로 취급했다.

“너희 아버지는 구두 수선공이고 어머니는 세탁부야. 제발 꿈에서 깨어나라고.”

“아냐, 난 귀족의 자제야. 언제가는 성으로 돌아 갈거야.”

“넌 미쳤어.”

안데르센은 여기서 멈추지 않았다. 그는 결코 허황된 꿈만 꾸고 있지 않았다. 귀족이 되고 싶다는 욕망이 마음속에서 솟구쳤기에 안데르센은 꿈을 현실로 만들려고 애썼다. 안데르센은 귀족만이 등록할 수 있는 교회를 찾아갔다.

“이곳에서 교육을 받고 싶어요.”

“하지만 이곳은….”

“네, 알고 있어요. 저는 원래 귀족의 자제이기 때문에 이곳에서 교육을 받아야 해요. 저는 이곳에서 친구들과 함께 교육을 받고 어울려야 해요. 여기가 제가 있을 곳이에요.”

주변 사람들은 허영심에 사로잡혀 있다고 안데르센을 비웃었다. 하지만 그는 꿈을 이루기 위해 ‘나는 잘못 태어난 귀족의 자제이다’라는 몽상 속에서 이를 견뎌냈다.

결국 안데르센은 피나는 노력을 통해 수많은 주옥같은 동화를 후세에 남길 수 있었다. 그의 동화는 자신의 이런 현실과 몽상의 경계에서 태어난 것들이다.

"나는 어려서부터 늘 못 생겼다고 놀림을 받았기 때문에《미운 오리 새끼》를 쓸 수 있었다. 나는 어려서 너무 가난했기 때문에《성냥팔이 소녀》를 쓸 수 있었다. 나에게 역경은 진정한 축복이었다."

평생 독신으로 살다가 70세에 세상을 떠난 안데르센은《미운 오리 새끼》를 비롯해《엄지 공주》,《인어 공주》,《벌거벗은 임금님》,《성냥팔이 소녀》,《나이팅게일》등 200편이 넘는 동화를 발표했다. 혹독한 현실에 순응하지 않고 오직 꿈만으로 자신의 왕국을 만들어낸 것이다. 안데르센은 현실이라는 묘목의 토대 아래 몽상과 상상력으로 자신의 꿈을 이루었다.

만약 안데르센이 현실처럼 수선공의 아들임을 인정하고 수긍했더라도 어떻게 되었을까? 그는 자신의 현실을 애써 부정한 것이 아니라 또 다른 자신만의 세계를 구축함으로써 상상 속에서 자신의 꿈을 이룬 것이다.

그만의 독특하고 환상적인 동화들이 오랫동안 세계인의 사랑을 받고 있는 이유도 여기에 있다. 안데르센의 동화는 현실이 아

닌 다른 세계를 꿈꾸는 인간 본성을 자극함으로써 역설적이게도
현실의 중요성과 소중함을 일깨워준다.

꿈과 현실의 관계에 대해 체 게바라는 이렇게 말했다.

"우리 모두 리얼리스트가 되자. 그러나 마음속에는 불가능한
꿈을 갖자."

아무리 헛된 꿈이라도 그 꿈을 버리지 말아야 한다. 꿈과 현실
은 상호작용을 통해 성장한다는 사실을 잊지 말자.

Dream Tip

꿈은 현실을 기반으로 해야 한다. 그래서 꿈과 현실 사이에는 긴밀한 교류가 필요하다. 아무리 헛된 꿈이라도 그 꿈을 버리지 마라. 꿈과 현실은 상호작용을 통해 성장한다는 사실을 잊지 말자.

09

큰 꿈은 작은 발걸음에서 시작한다

세계 최초로 달에 착륙한 닐 암스트롱

"한 인간에게는 작은 한 걸음이지만 인류에게는 위대한 도약
이다."

1969년 7월 20일 미국 우주왕복선 아폴로 11호로 달에 첫발을
내딛은 닐 암스트롱이 남긴 말이다. 전 세계의 이목을 집중시켰
고 이 말로 벅찬 감동을 안겨주었던 암스트롱은 2012년 8월, 심
장 수술 후 합병증으로 세상을 떠났다. 닐 암스트롱의 소식을 전
해들은 외신들은 그가 세계사의 한 페이지를 장식한 명언을 남
겼으며 위대한 발자국의 주인공이 달보다 더 먼 곳으로 떠났다
고 추모했다.

특히 오바마 대통령은 "그는 미국 역사를 통틀어 가장 훌륭한 영웅 가운데 한 명이다. 오늘날 그의 정신은 미지의 세계를 탐구하는 모든 사람에게 남아 있을 것이다"라고 애도했다.

닐 암스트롱은 한국과도 인연이 깊다. 그는 어렸을 때부터 비행기와 전투기에 관심이 많아 퍼듀 대학 항공기관학을 전공한 후 해군 비행학교에 진학했다. 그러나 전투비행사 훈련 중에 한국 전쟁이 터져 해군 전투기 조종사로 한국으로 왔다.

그는 무려 78차례나 출격한 기록을 세웠는데 죽을 고비를 넘기기도 했다. 당시 그는 북한 지역에서 산악 비행 중 전투기 우측 날개가 파손되는 사고를 겪었다. 자칫하면 북한 지역에 고립되는 절체절명의 순간이었다.

'이럴 때일수록 침착해야 돼.'

닐 암스트롱은 당황하지 않았다. 스스로를 안정시키며 구조를 기다렸고 결국 미 해병대의 구출 작전으로 무사히 복귀했다. 만약 암스트롱이 조금만 더 운이 나빴다면 역사적인 명언은 나올 수 없었을 것이다.

서울 수복에 큰 공을 세운 그는 미국으로 돌아가 1955년부터 1960년까지 5년 동안 고속 비행 기지에서 900회 이상 시험 비행사로 활약하며 나사의 우주 비행사가 되었다. 그리고 달에 최초로 발을 디딘 지구인으로 기록되었다. 전 세계 5억만 명 이상이 지켜보는 가운데 그가 달에 역사적인 첫발을 내딛는 순간, 심장 박동수가 1분에 150회에 달했다는 사실까지 보도되는 등 암스트롱의 일거수일투족이 전 인류의 관심사가 되었다.

암스트롱이 무사히 달에서 지구로 귀환하자 그를 취재하려는 매스컴이 장사진을 이루었다. 달을 직접 밟은 소감을 듣기 위해 각국에서 강의 요청이 뒤따르고 거액을 제시하는 광고 요청이 쇄도했지만 그는 정중히 거절했다. 하지만 지구로 귀환한 4개월 후에는 동료와 함께 한국을 방문했다.

'한국은 내가 새 생명을 얻을 곳이야.'

이어 1971년 미국 평화봉사단 자문위원으로 다시 한국을 찾았다. 충남 예산고에 방문해서는 달에서 가지고 온 운석을 보여주기도 했다. 이런 각별한 인연으로 암스트롱이 세상을 떠났을 때 국가보훈처에서 그의 가족들에게 직접 서신을 띄우고 애도한 것은 어쩌면 당연한 일인지도 모른다.

암스트롱의 말대로 자신의 작은 한 걸음은 인류에게는 위대한 도약이 되었다. 이를 계기로 나사뿐만 아니라 러시아에서도 달로 사람을 보냈고, 그것은 화성 탐사로까지 이어졌다. 현재 인류는 화성에도 생명체가 존재한다는 가정 아래 수많은 탐사선이

왕래하고 있다. 이제는 화성뿐만 아니라 목성 탐사선과 토성 탐사선이 운영되고 있고 2006년에는 미국의 뉴허라이즌스 호가 명왕성을 탐사하기 위해 운영 중에 있다. 2015년 7월 14일 때쯤에는 명왕성과 위성 카론에 도착하여 85년 만에 명왕성의 참 모습이 드러날 것으로 과학자들은 예측하고 있다. 달에서 출발한 작은 발걸음이 우리 은하계의 끝인 명왕성까지 다다른 것이다.

닐 암스트롱은 어쩌면 행운아인지도 모른다. 만약 그가 아니라 다른 사람이 먼저 달에 착륙했다면 그의 이름은 역사에 묻혔을 것이다. 하지만 그는 먼저 달을 밟았고 사람들의 뇌리에 강하게 각인된 말을 남김으로써 역사의 주인공이 되었다. 훗날 그의 동생에 의해 이 명언은 지구를 떠날 때부터 준비한 것으로 밝혀졌다. 닐 암스트롱은 달 착륙을 확신하며 인류에게 선사한 메시지를 가슴에 품고 우주로 날아간 것이다.

암스트롱의 작은 발걸음은 이제 거대한 우주 산업으로까지 이어졌다. 우주선을 타고 우주를 관광하는 시대도 성큼 다가왔다. 나사의 적극적인 지원과 암스트롱을 비롯한 우주인들의 용기와 확신이 없었다면 불가능한 일이다. 생각해보라. 인간이 한번도 가 보지 않은 곳에 첫발을 내딛는 두려움과 공포를. 그것도 지구가 아니라 물도 공기도 없는 곳을. 자칫하면 목숨을 잃을지도 모르는 엄청난 모험인데 말이다.

꿈도 마찬가지이다. 처음에는 끝이 보이지 않고 막막하게 보이지만 먼저 작은 한 걸음을 내딛어야 한다. 점은 비록 작지만 그 작은 점이 모여서 선이 된다. 선은 또다시 다른 선과 연결되어 계속 나아간다.

“바다를 단번에 만들려 해서는 안 된다. 우선 냇물부터 만들어야 한다.”

《탈무드》에 나오는 말처럼 단번에 바다로 나가려고 해서는 안 된다. 마음은 큰 바다로 향해 있어야 하지만, 그 목표와 실천은 작은 것부터 차근차근 쌓아가야 한다. 단숨에 모든 것을 이루려고 해서는 안 된다. 그리고 작은 시도라도 포기하지 말고 계속해야 한다. 자신의 꿈이 더는 작은 냇물에서 살 수 없다고 판단했을 때는 망설임 없이 넓은 바다로 나아가야 한다.

Dream Tip

자신의 꿈이 더는 작은 냇물에서 살 수 없다고 판단했을 때는 망설임 없이 넓은 바다로 나아가야 한다. 점은 비록 작지만 그 점이 모여서 선이 되고 그 선은 당신의 미래로 이어진다.

10
가장 멀리 나는 새가 가장 멀리 본다
우화소설《갈매기의 꿈》을 통해 꿈과 희망을 노래한 리처드 바크

학창시절 리처드 바크의《갈매기의 꿈》에 흠뻑 빠져 지내던 기억이 있다. 몇 번을 읽어도 가슴 벅찬 감동과 삶의 지혜를 안겨 준 책이다. 닐 다이아몬드가 부르는 동명 영화의 OST도 감동적이지만 활자가 주는 설렘을 따라오지는 못했다. 특히 책 첫 페이지에 나와 있는 "우리 모두의 마음속에 살고 있는 진정한 조나단 시걸에게 바친다"는 문구는 얼마나 근사하고 멋있는가. 지금 생각해도 가슴이 설렌다.

《어린 왕자》의 생텍쥐페리처럼 리처드 바크 또한 비행사였다. 공군에 입대해 항공기 조종사 자격을 취득한 그는 1년 동안 프랑

스에서 복무하기도 했다. 그리고 제대 후에는 상업 비행기의 파일럿으로 활약해 3000시간의 비행 기록을 남기기도 했다.

리처드 바크는 생계를 위해 영화 스턴트맨에서 공군 조종사, 비행잡지 편집자, 비행교관에 이르기까지 다양한 직업을 거쳤다. 하지만 가슴속에는 늘 글을 쓰고 싶다는 꿈과 열망이 있었다. 그렇게 해서 1963년 처녀작이 발표되었고, 세 번째로 발표한《갈매기의 꿈》으로 일약 세계적인 베스트셀러 작가가 되었다. 이 작품은 40여 개국에 번역 출판되어 무려 4000만 부가 팔렸다.

이 소설의 주인공인 조나단은 처음부터 잘 나는 갈매기가 아니었다. 다른 갈매기들의 삶의 목적은 싱싱한 먹이를 잡아 하루하루를 연명하는 것이었지만, 조나단은 다른 갈매기들과 달리 평범하게 살고 싶지 않았다. 조나단이 삶의 목표로 삼은 것은 그어느 갈매기보다 더 잘 나는 것이었다.

그들에게 중요한 것은
그들이 가장 하고 싶어하는 일을 추구하고
완벽한 수준에 이르는 것이었고
그것은 바로 나는 일이었다.

(중략)

이 삶에서 무엇을 배우느냐에 따라
다음 삶이 선택된다.
아무것도 배우지 못하면
그 다음의 삶에서도 똑같은 한계와
극복해야 할 무게들에 짓눌리고 만다.

하지만 조나단은 다른 갈매기들로부터 따돌림을 당하게 되고 끝내 그 무리로부터 추방당하게 된다. 조나단은 이에 굴복하지 않고 끊임없는 자기수련을 통해 완전한 비행술을 터득한다. 그리고 마침내 무한한 자유를 느낄 수 있는 초현실적인 공간으로까지 날아올라 자신의 꿈을 실현하게 된다.

조나단은 외친다.

"가장 멀리 나는 새가 가장 멀리 본다."

이 작품을 우화소설로 분류하는 것은 리처드 바크가 비상을 꿈꾸는 한 마리 갈매기를 통해 인간 삶의 본질을 상징적으로 그렸기 때문이다. 특히 다른 갈매기들의 따돌림에도 흔들림 없이 꿋꿋하게 자신의 꿈에 도전하는 조나단의 모습에서 꿈과 의지의 소중함을 느끼게 해준다. 눈앞에 보이는 작은 일에만 매달리지 말라는 교훈도 함께 전한다. 그리고 멀리 앞날을 내다보며 마음속에 자신만의 꿈과 이상을 간직하라고 권유한다.

리처드 바크는 이렇게 말했다.

"누군가에게 꿈이 주어졌을 때는 그것을 이룰 힘도 같이 주어
진다."

11
노력은 결코 꿈을 배신하지 않는다

에디슨, 고흐, 박지성, 베이브 루스의 공통점은?

꿈은 노력을 통해서만 이루어진다. 에디슨의 저 유명한 '천재는 99퍼센트의 노력과 1퍼센트의 영감으로 만들어진다'가 아니더라도 꿈을 이루기 위해 노력이 얼마나 중요한지를 모르는 사람은 없을 것이다.

노력은 곧 행동이고 실천이다. 끊임없이 행동하는 것이 꿈을 이루는 지름길이다. 많은 사람이 꿈과 목표를 정해놓고서도 좀처럼 행동으로 옮기지 않는다. 설사 행동에 나선다고 해도 도중에 포기해버리기 일쑤이다. 꿈을 이루기 위해 필요한 과정을 장애물로 잘못 생각하고 도망가버리기도 한다. 그리고는 이런저런

변명을 늘어놓는다.

수많은 발명품을 만들어 인류의 삶에 큰 기여를 한 에디슨은 99퍼센트가 노력의 결과라고 했다. 그는 백열등 하나를 만들기 위해 20년이라는 세월 동안 수천 번의 실험을 거쳤다.

에디슨이 새로운 발명품에 얼마나 몰두했고, 삶을 얼마나 진지하게 살았는지는 그가 남긴 노트에서도 잘 나타나 있다. 그는 생애를 통틀어 총 2500권의 노트를 남겼다. 이는 일 년에 50권씩 썼다 해도 50년 분에 해당한다.

에디슨뿐만 아니다. 자신의 분야에서 업적을 이룬 위인들은 노력이 얼마나 중요한지를 알고 있었다. 피카소와 더불어 가장 많은 사랑을 받고 있는 빈센트 반 고흐도 마찬가지이다. 그는 동생 테오에게 보낸 편지에서 이렇게 적었다.

"열심히 노력하다가 갑자기 나태해지고 잘 참다가 조급해지고 희망에 부풀었다가 절망에 빠지는 일을 또다시 반복하고 있어. 그대로 계속해서 노력하면 수채화를 더 잘 이해할 수 있겠지. 그게 쉬운 일이었다면 그 속에서 아무런 즐거움을 얻을 수 없었을 거야. 그러니 계속해서 그림을 그려야겠다."

고흐는 파리 북쪽의 작은 방에서 스스로 생을 마감할 때까지 10년 동안 900여 점이 넘는 그림을 그렸지만 자신의 이름을 내

건 전시회는커녕 그림도 한 장밖에 팔리지 않았다. 하지만 극도의 가난과 외로움 속에서 그는 노력을 저버리지 않았다. 그 결과 그의 그림은 현재까지도 최고액을 기록하며 전 세계인의 사랑을 받고 있다.

2002년 한일월드컵의 주역 박지성은 11세에 세계적인 축구선수가 되겠다는 꿈을 품었다. 그리고 그 꿈을 실현하기 위해 부단히 노력했다. 비록 작고 왜소한 신체조건을 가지고 있었지만 누구도 그의 꿈을 막을 수는 없었다. 심지어 그는 축구선수로는 치명적인 평발이었다.

피나는 노력의 결과 박지성은 2012년 월드컵에 대표선수로 발탁되었고, 급기야 영국 최고의 클럽인 맨체스터 유나이티드에 입단하게 되었다. 히딩크 감독은 "박지성처럼 뚜렷한 목표를 품고 노력한다면 꿈은 이루어진다"는 말로 박지성의 노력을 평가했다.

미국 메이저리그의 전설적인 홈런왕 베이브 루스는 총 714개의 홈런을 기록했다. 하지만 그 많은 홈런을 치기까지 1330여 회의 삼진아웃을 당했다. 그는 좌절하기보다는 삼진아웃을 당할 때마다 실패요인을 분석하고 문제점을 해결해나갔다. 공을 잘 보기 위해 LP판 바늘을 쳐다보는 훈련을 했다는 것은 유명한 일

화이다. 결국 1330여 회의 삼진아웃은 714개의 홈런을 가능하게
했던 밑거름이 되었다.

　성공은 열심히 노력하며 행동하는 사람에게 찾아온다. 정말로
이루고 싶다면 꿈만 꾸지 말고 적극적으로 행동하라. 그리고 기
회가 올 수 있는 가장 가까운 곳으로 자신을 몰고 가라. 이건 확
실하다. 꿈을 이룬 사람은 꿈을 포기한 사람이 얻지 못한 걸 거머
쥔다. 노력은 결코 꿈을 배반하지 않는다.

Dream Tip

정말로 이루고 싶다면 꿈만 꾸지 말고 적극적으로 행동하라. 그리고 기회가 올 수 있
는 가장 가까운 곳으로 자신을 몰고 가라. 이건 확실하다. 꿈을 이룬 사람은 꿈을 포
기한 사람이 얻지 못한 걸 거머쥔다. 노력은 결코 꿈을 배반하지 않는다.

12

우물 안 개구리가 되지 말자

세계로 진출하는 꿈을 이룬 반기문 유엔 사무총장과 서진규 박사

우리 속담에 '우물 안 개구리'라는 말이 있다. 한자로는 정중지와(井中之蛙)라고 한다. 어떤 개구리가 우물 안에서 태어나서 줄곧 우물 안에서만 살았다면 그 개구리는 하늘의 모습이 어떻다고 말할까? 그 개구리는 하늘이 작은 네모 모양이라고 말할 것이다. 즉 한자 우물 정(井)의 모습처럼 말이다. 베이컨은 이런 편견을 '동굴의 우상'이라고 표현했다. 둘 다 비슷한 표현이다.

자기 눈에 비친 세상을 유일한 절대의 것이라고 고집하는 사람은 결코 성공할 수 없다. 그렇다면 우물 안 개구리가 세상 밖으로 나가기 위해서는 어떻게 해야 할까? 먼저 우물 밖 세상에 대한 호기심이 있어야 한다. 다른 세상에 대한 궁금증과 호기심이야말로 우물을 벗어날 수 있는 원동력이다.

반기문 유엔 총장은 충북 음성의 작은 농촌 마을에서 태어났다. 그는 고등학교 때 에세이 경시대회에 출전해 수상함으로써 1962년 8월 미국을 방문하는 기회를 얻었다. 미국 적십자사의 외국학생 미국 방문 프로그램으로 42개국에서 선발된 102명의 학생 중 한 명으로 뽑힌 것이다.

당시 미국 대통령은 존 F. 케네디로 각국에서 온 학생들을 따뜻하게 대접했다. 그리고 케네디와 반기문과의 운명적인 만남이 이루어졌다.

케네디가 반기문에게 물었다.

"학생은 장래희망이 무언가?"

개발도상국에서 온 영어 영재 반기문은 망설이지 않고 또박또박 대답했다.

"외교관이 되는 것이 저의 꿈입니다."

케네디가 활짝 웃으며 말했다.

"꼭 멋진 외교관이 되게나."

반기문 총장은 서울대 정치외교학과에 입학한 후 우수한 성적으로 졸업했다. 그리고 미국으로 건너갔다. 케네디와 인연이 있었는지 그는 하버드 대학의 케네디 스쿨에 입학했다.

"케네디와의 약속대로 꼭 외교관이 될 거야."

반기문은 그날부터 하루에 두세 시간밖에 잠을 자지 않고 공부했다. 힘들 때마다 고향에 두고온 부모님을 생각했다. 그리고 마침내 자신의 꿈을 이루었다. 1970년 외교부에 들어갔고, 1991년에는 외교부 유엔 과장이 되었다. 2004년 대한민국 외교부 장관에 올랐으며 2006년 제8대 유엔 사무총장으로 선출되었다. 그리고 2011년 두 번째 임기의 연임 추천 결의안에 대해 안보리의 만장일치와 지역그룹 전원이 서명한 가운데, 총회에서 192개 회원국의 동의로 통과되었다.

미국 육군에 입대해 소령으로 제대한 여장부 서진규는 지독한 가난 속에서 태어났다. 엿장수의 딸로 태어난 그녀는 고등학교를 마치자마자 가발 공장에 취직했다. 그곳에서 일하며 '우물 안 개구리'가 되지 않으려면 좀 더 넓은 세상으로 나가야 한다는 것을 깨달았다. 그녀는 스물세 살에 미국으로 건너가 식모와 웨이트리스로 살았지만 절대 꿈을 포기하지 않았다. 결국 각고의 노력 끝에 학비가 필요 없는 미군에 자원 입대하여 장교가 되었으며, 하버드대에 합격하는 영광을 누리게 되었다.

반기문과 서진규 이외에도 자신의 꿈을 찾아 더 넓은 곳으로 나아가 성공한 한국인은 많다. 거지에서 미국 상원의원이 된 신호범, 아버지를 여의고 각고의 노력 끝에 구호활동가로 활약하고 있는 한비야, 빈손으로 일본으로 건너가 MK 택시 회장이 된 유봉식, 일제 강점기 때 미국으로 건너가 숙주나물을 팔아 돈을 벌어 사회에 기여한 유한양행의 유일한 회장 등 셀 수 없이 많다. 이들의 공통점은 자발적으로 한국이라는 우물을 떠나 큰 꿈을 이룬 다음 다시 한국을 위해 기여했다는 점이다.

나는 젊은이들을 만날 때마다 한국을 떠나 해외에서 공부하고 일하라고 권유한다. 단 1년이라도 좋으니 해외에 나가 보면 한국 땅이 얼마나 좁고 세상이 얼마나 넓은지 알 수 있다. 김우중 전 대우 회장의 자서전 제목처럼 세상은 넓고 할 일은 많다. 그리고 외국에 나가 생활하다 보면 세계뿐만 아니라 한국이 다시 보이기 시작한다. 나 또한 미국과 일본에서 생활해 보았지만 태극기의 소중함과 애국가가 그렇게 가슴에 와닿는지는 외국 생활을 하면서 처음 알았다. 무엇보다 애국자가 된다. 외국인 친구들과 이야기를 하다가 몇 번이나 멱살잡이를 했을 정도로 우리나라에 대한 자부심이 생겼다.

우물 안 개구리가 되지 않기 위해서는 자신이 먼저 우물 안 개구리가 아닌가를 생각해봐야 한다. 이건 단순히 한국을 떠나 외국으로 나가는 문제만이 아니다. 사람의 생각도 마찬가지이다. 자신의 생각에 갇혀 있는 사람은 대성하지 못한다. 그저 다람쥐 챗바퀴 돌듯 살아가는 자신의 생활에 만족한다. 편견과 선입견을 버리고 더 큰 생각과 꿈을 꾸어야 한다. 우물 안 개구리가 되는 것보다 더욱 나쁜 것은 자신의 생각 속에 자신을 가두는 것임을 명심해야 한다.

Dream Tip

자기 눈에 비친 세상을 유일한 절대의 것이라고 고집하는 사람은 결코 성공할 수 없다. 편견과 선입견을 버리고 더 큰 생각과 꿈을 꾸어야 한다. 우물 안 개구리가 되는 것보다 더욱 나쁜 것은 자신의 생각 속에 자신을 가두는 것임을 명심해야 한다.

13
도전하는 이유는 꿈이 있기 때문이다
세계 최초로 에베레스트에 도전한 산악인 조지 말로리

최초의 에베레스트 등정을 앞두고 있던 조지 말로리는 한 기자에게 다음과 같은 질문을 받았다.

"당신은 왜 위험하고 힘들며 죽을지는 모르는 산에 오릅니까?"

조지 말로리가 대답했다.

"산이 거기에 있으니까요."

이 말은 지금도 등산 마니아에게 불멸의 명언으로 남아 있다. 또한 수많은 탐험가들이 목숨을 건 도전을 멈추지 않은 이유를 가장 잘 표현한 말이기도 하다.

에베레스트는 히말라야 산맥의 최고봉이자 세계 최고봉으로 인도 북동쪽 네팔과 중국의 티베트 국경에 위치해 있다. 높이는 8848미터. 1907년 영국 산악회에 의해 처음으로 에베레스트 등정 계획이 세워졌지만, 당시 네팔이 외국인을 허용하지 않아 실행되지 못했다.

이 소식을 접한 조지 말로리는 마음속으로 다짐했다.

'언젠가는 꼭 에베레스트에 오를 거야. 내가 최초로 그 산을 오른 사람이 될 테야.'

영국에서 목사의 아들로 태어난 조지 말로리는 케임브리지 대학에 다니고 있었다. 그에게는 누구보다 강한 도전정신과 꿈을 향한 열망이 있었다. 그런 그에게 에베레스트는 목숨을 걸고서라도 도전해보고 싶은 유혹의 산이었다. 대학을 졸업한 후 교사로 일하던 조지 말로리는 한순간도 자신의 꿈을 잃지 않았다. 틈나는 대로 영국 산악회에서 훈련을 하고 산을 올랐다. 드디어 기회가 찾아왔다.

"얼른 짐을 꾸리라고. 네팔 정부의 허락이 떨어졌네. 우리는 에베레스트로 갈 거야."

1924년 조지 말로리의 나이 서른아홉 때의 일이었다.

조지 말로리는 노튼, 소머벨 등의 동료와 함께 '산이 거기 있으니까'라는 말을 남기고 네팔로 향했다. 그들이 만약 에베레스트 정상에 오른다면 세계 최초의 등반 기록으로 기록될 것이었다. 하지만 상황은 그들에게 불리했다. 무엇보다 당시에는 산소 기구가 없었다. 산소 기구 없이 에베레스트를 오른다는 것은 지금도 불가능에 가까운 일이었다. 하지만 조지 말로리에게는 도전해야 할 꿈이 있었다.

"기다려다오, 에베레스트야. 조지 말로리가 간다!"

조지 말로리 일행은 산소 없이 무려 8222미터를 올랐다. 이제 정상까지는 626미터밖에 남지 않았다. 하지만 도도한 에베레스트는 인간의 발길을 허락하지 않았다. 정상까지 불과 600여 미터를 앞두고 조지 말로리는 실종되었다.

영국은 비통에 잠겼다. 최초의 에베레스트 등정이 실패한 것도 있지만 무엇보다 조지 말로리를 잃었기 때문이다. 영국 산악대는 조지 말로리의 시신을 찾기 위해 여러 차례 구조대를 보냈지만 모두 실패했다.

"에베레스트 어딘가에 조지 말로리의 시신이 썩지 않은 채 잠들고 있다고 생각하니 가슴이 너무 아파. 꼭 그의 시신을 찾고 말거야. 그게 우리 영국 산악회의 사명이야."

하지만 좀처럼 조지 말로리의 시신은 발견되지 않았다.

그로부터 29년 뒤인 1953년 드디어 에베레스트는 정복되었다. 영국의 속국인 뉴질랜드 출생인 산악인 에드먼드 힐러리와 세르파 텐징 노르게이가 그 주인공이었다. 에드먼드는 이 역사적인 에베레스트 최초 등정으로 인해 그해 영국 왕실의 기사 작위를 받게 되었다.

그렇게 조지 말로리의 존재는 사람들의 기억에서 잊히는 듯했다. 하지만 "산이 거기 있기 때문에 오른다"는 조지 말로리의 꿈과 도전은 여기에서 멈추지 않았다.

"제가 가겠습니다. 에베레스트에 가서 할아버지의 시체도 찾고 정상에도 오르겠습니다."

조지 말로리의 손자 조지 말로리 주니어였다. 때는 1995년. 조지는 71년 전 할아버지가 올랐던 루트를 따라 에베레스트에 도전했다. 힘겹게 산에 오른 조지는 600미터 정상을 앞에 두고 주위를 살펴보았다.

'할아버지, 도대체 어디에 계시는 거예요. 제발 제 앞에 나타나 주세요.'

조지는 두 손을 모아 할아버지의 이름을 크게 불렀다. 하지만 돌아오는 것은 애타게 울부짖는 그의 목소리뿐이었다.

'할아버지가 못다 이룬 꿈과 도전 제가 대신 이루어 드릴게요.

이제 그만 좋은 곳으로 가셔서 편히 주무세요.'

조지는 눈물을 머금고 정상을 향해 걸어갔다. 그리고 마침내 정상에 올랐다. 눈으로 뒤덮인 그의 눈가에 하염없이 눈물이 흘러내리고 하얀 꽃송이를 이루었다. 할아버지가 못다 이룬 꿈을 손자가 대신 이룬 감동적인 순간이었다.

세계의 등산가들은 조지 말로리 주니어의 도전에 깊은 감동을 받았다.

"조지 말로리의 시신을 꼭 찾고 말 거야. 그를 가족에게 돌려줘야 해."

그 후 세계 산악인들은 에베레스트를 갈 때마다 조지 말로리가 실종된 지역을 수색했지만 결국 그의 시신을 발견할 수 없었다. 다시 영국이 움직이기 시작했다. BBC의 다큐멘터리 PD였던 피터 퍼스트브룩이 수색 팀을 이끌고 등반 역사상 가장 유명한 수수께끼로 남은 말로리의 시신을 찾기 위해 에베레스트로 향한 것이다. 그리고 조지가 에베레스트를 정복해 할아버지의 꿈을 대신 이루어준 지 4년 후인 1999년 드디어 조지 말로리의 시신이 발견되었다. 발견한 사람은 촬영 팀의 등산가 콘래드 앵커였다.

"말로리가 여기 있습니다. 재킷에 붉은 글씨로 'G. Mallory'라고 적혀 있습니다."

"오 마이 갓!"

실종된 지 무려 75년 만에 조지 말로리의 시신을 찾은 것이다.

수색 팀은 재킷 주머니를 더듬어 조지의 아내가 남편을 위해 공들여 만든 주머니를 꺼냈다. 그 속에는 성냥과 손톱깎이, 연필 한 자루, 시계, 아내가 보낸 편지 등이 담겨 있었다. 하지만 한 가지 중요한 물품이 보이지 않았다.

"조지의 가족사진이 없습니다."

"잘 찾아봐. 어딘가에 반드시 있을 거야."

하지만 물품은 끝내 발견되지 않았다. 수색 팀이 그토록 찾고 싶어했던 물품은 바로 조지의 가족사진이었다.

조지 말로리는 75년 전에 만약 자신이 에베레스트 정상에 오르면 가족사진을 그곳에 놓아두고 온다는 말을 남겼다. 하지만 그 사진은 찾을 수 없었다.

"다행인지 불행인지 모르겠군."

"설마 조지가 정상을 정복한 것일까요?"

"글쎄, 모르지. 그건 조지와 신만이 알 거야."

조지의 부실한 복장과 시신은 수많은 의문을 남긴 채 수습되었다. 그리고 에베레스트 북벽 해발 8170미터에 돌무덤으로 안

장됐다. 조지가 에베레스트를 정복했건 하지 못했건 그건 중요하지 않았다. 중요한 것은 목숨을 걸고 자신의 꿈과 목표를 향해 달려간 그의 도전정신이다. 그의 이런 도전정신 때문에 에베레스트는 수많은 산악인에게 정상을 내주었고, 그중에는 한국인도 수백 명이 포함되어 있다. 66세의 김성봉 씨가 최고령 기록을 세우기도 했고, 59세의 송귀화 씨가 한국인 최고령 여성 등정을 기록하기도 했다.

세계 최초로 에베레스트에 도전해 정상 600미터 근처에서 실종된 조지 말로리. 그가 정상에 올랐는지 그 전에 실종되었는지는 여전히 수수께끼로 남아 있다. 하지만 그의 도전정신은 에베레스트가 신의 영역이 아니라 인간이 오를 수 있는 곳이라는 것을 확인시켜주었다. 남극과 북극, 달과 우주도 그렇게 인간의 도전정신에 의해 하나하나씩 그 신비가 벗겨지고 있다.

도전이 없다면 꿈도 있을 수 없다. 사람들이 끊임없이 도전하는 것은 그들의 마음속에 꿈이 있기 때문이다. 도전이야말로 인생의 의미를 깨닫게해주는 자극제이자 살아 있음을 증명해주는 증거이다.

도전하고 또 도전하라. 도전이 당신의 인생을 더욱 재미있고 흥미롭게 만들 것이다. 또한 도전을 극복하고 꿈을 향해 앞으로

나아갈 때 인생의 의미가 더해질 것이다. 장애물을 만나면 애써
치우려 하지 말고 뛰어넘어라.

Dream Tip

도전이 없다면 꿈도 있을 수 없다. 사람들이 끊임없이 도전하는 것은 그들의 마음속
에 꿈이 있기 때문이다. 도전하고 또 도전하라. 도전이 당신의 인생을 더욱 재미있고
흥미롭게 만들 것이다.

14

꿈을 위해 100명의 노력을 활용하라

여러 사람의 노력을 활용해 석유왕이 된 존 폴 게티

"나의 성공 비결은 일찍 일어나 늦게까지 일하다가 우연히 석유를 발견한 것뿐이다."

세계적인 갑부이자 석유왕 존 폴 게티의 말이다. 그는 실제로 석유를 채굴할 때 다른 것에는 전혀 눈길을 주지 않았다. 심지어 석유를 채굴하는 도중 다이아몬드나 금이 나와도 전혀 흔들림 없이 석유가 나올 때까지 채굴을 계속했다. 그 과정에서 아무리 심한 난관에 부딪쳐도 긍정적인 마음가짐으로 목표를 위해 끊임 없이 일을 했다.

존 폴 게티가 이렇게 평상심을 유지할 수 있었던 것은 자신이 원하는 것이 무엇인지를 확실하게 알고, 목표를 명확하게 세운 다음 거기에 집중했기 때문이다.

미국 로스앤젤레스 산타모니카 근처에 있는 게티 센터는 미국인들한테 가장 사랑받는 5대 미술관 중에 하나이다. 바로 존 폴 게티가 자신의 사재 1억 3000만 달러를 기부해 지은 것이다. 이 미술관은 당시 최고의 건축가였던 리차드 마이어가 12년 이상 걸려 완성한 역작이다. 총 280만 제곱미터가 넘는 매머드 단지로 4곳의 미술관이 중심인데, 놀라운 것은 10달러의 주차료만 내고 모든 입장료가 공짜라는 것이다.

존 폴 게티는 이 거대한 예술 센터뿐만 아니라 수많은 재산을 사회에 기부한 것으로도 유명하다. 그는 자신이 부자가 된 비결에 대해 몇 가지를 말한 적이 있는데 다음 말이 후대에 명언으로 남았다.

"내 자신이 노력한 결과의 100퍼센트를 갖기보다는 차라리 100명의 사람들이 노력한 결과의 각각 1퍼센트를 갖겠다."

역시 세계적인 부자다운 말이다. 그의 말은 한 사람의 노력보다는 많은 사람의 노력이 훨씬 강한 힘을 발휘한다는 것을 의미한다. 남을 믿지 못하고 혼자서만 일을 하는 게 습관이 된 리더나 CEO는 자신이 아프거나 일신상의 문제가 발생할 경우 업무가 중단되는 경우가 발생한다. 자신 이외에는 대체할 사람이 없기 때문이다. 결국 모든 실적이 0퍼센트가 되고 마는 것이다. 하지만 100명의 사람을 활용한다고 생각해보자. 100명에게서 각각의 1퍼센트씩 노력한 결과를 얻을 경우 당신은 100퍼센트를 가지게 된다.

큰 꿈을 이루기 위한 과정도 이와 같다. 자신이 세운 꿈이란 결국 자신이 완성해야 하지만 그것을 이루는 과정에 있어 100퍼센트의 힘을 쏟기보다는 다른 사람들의 1퍼센트를 취하는 지혜가 필요하다.

애플 창업자인 스티브 잡스는 더 나은 디자인을 위해 도둑질도 서슴지 않았다. 그는 제록스 연구센터에서 본 그래픽 방식의 사용자 환경을 매킨토시에 적용했다. 현재 데스크톱 컴퓨터의 바탕화면이 여기서 나왔다. 잡스는 이에 대해 '역사에 등장한 최고의 아이디어를 찾아내 자신이 하는 일에 접목해 활용하려 한 노력'이라고 했다. 이런 말도 덧붙였다.

"피카소는 좋은 예술가는 모방하고, 위대한 예술가는 훔친다고 했는데 나는 훌륭한 아이디어를 훔치는 것을 부끄러워한 적이 없다."

스티브 잡스는 이렇게 각각의 다른 사람이 1퍼센트씩 노력한 결과들을 모아 자신만의 100퍼센트를 만들었다.

세상에 새로운 것이란 존재하지 않는다. 당신이 어느 날 획기적인 발명품이나 이론을 발견했다고 하더라도 그건 이전 사람들이 이미 일구어놓은 것의 변형이거나 업그레이드 버전이다.

큰 꿈을 이루기 위해서는 자신이 새로운 100퍼센트를 만들겠다는 목표를 세우면 안 된다. 자신이 세운 목표를 이미 달성한 사람들의 생애를 공부하고 그 속에서 답을 찾아야 한다.

Dream Tip

자신이 세운 꿈이란 결국 자신이 완성해야 하지만 그것을 이루는 과정에 있어 100퍼센트의 힘을 쏟기보다는 다른 사람들의 1퍼센트를 취하는 지혜가 필요하다. 자신이 세운 목표를 이미 달성한 사람들의 생애를 공부하고 그 속에서 답을 찾아야 한다.

15
공짜로 얻을 수 있는 꿈은 없다
자신의 미래에 투자를 아끼지 않았던 예술인들

공짜가 유행하는 세상이다. 공짜 핸드폰, 공짜 스마트폰에 이어 공짜 효도폰까지 생겨났다. 공짜 문자, 공짜 영화, 공짜 식품, 공짜 내비게이션, 공짜 신문, 공짜 정수기 등 종류와 범위도 다양하다. 이렇게 공짜가 판을 치다 보니 이를 이용한 범죄도 계속 증가하고 있다.

2006년 타계한 노벨경제학 수상자인 밀턴 프리드먼 교수는 가정 형편이 어려워 대학 시절 식당에서 아르바이트를 했다. 그때 프리드먼 교수는 자신이 직접 체험한 경험을 통해 유명한 명언을 남겼다.

"공짜 점심은 없다."

공짜 점심이라는 개념은 서부 개척시대의 술집에서 유래되었다. 술집에서 일정량 이상의 술을 마시는 단골에게 공짜로 점심을 주었다. 하지만 그건 엄밀히 말하면 공짜가 아니었다. 다만 단골들이 공짜로 먹은 점심 값까지 술값에 포함되어 있다는 사실을 몰랐을 뿐이다. 이는 일상의 경제 활동에서 대가 없이는 아무것도 얻을 수 없다는 것을 의미한다.

설사 공짜처럼 보여도 훗날 감춰진 비용이 발생한다. 경제학에서 선택의 대가는 단순히 구입비용이 아니라 이로 인해 포기한 가치, 즉 기회비용으로 해석한다. 이는 금전일 수도 있고 시간, 노력, 꿈일 수도 있다. 결국 어떤 것을 선택하게 되면 그에 따르는 기회비용과 이익을 포기해야 한다. 만약 당신이 합리적인 사람이라면 잃어버린 기회비용과 자신이 얻을 편익을 비교해서 높은 것을 선택해야 한다.

다시 말하지만 세상에 공짜는 없다.

거저 얻는 것은 아무것도 없다.

한때 인터넷에서 발레리나 강수진의 발을 찍은 사진이 화제가 되었다. 여자의 발이라고는 믿기지 않을 정도로 뼈가 튀어나오고 심하게 문드러진 발. 하지만 그녀는 "몸이 아프지 않은 날은 연습을 게을리했다고 반성하게 된다"라고 말해 우리에게 큰 감동을 안겨주었다.

모차르트는 6세에 작곡을 시작해 음악 신동이라는 말을 들었지만 걸작들은 모두 1만 시간이 지난 뒤인 21세 이후에 만들어졌다. 비틀즈는 영국 리버풀에서 별 볼 일 없는 락밴드였다. 그들은 하루 8시간씩 1년 270일을 빠짐없이 연주했다. 그렇게 1만 시간을 넘게 연주한 후인 5년 뒤에 그들은 차별화된 연주를 할 수 있게 되었고 세계적인 락밴드가 되었다.

우리에게 금메달을 안겨준 '국민 여동생' 김연아는 점프에 한 번 실패하면 65번씩 연습했다. 소설가 김훈은 《남한산성》을 쓰는 3년 동안 이가 6개나 빠졌다. 김훈은 이 소설의 첫문장으로 "꽃은 피웠다"로 할 것인지 "꽃이 피웠다"고 할 것인지를 놓고 3개월 동안 고민했다는 것은 유명한 일화이다. 이렇게 혼신을 다한 끝에 그의 책은 베스트셀러가 되었다.

꿈은 자신의 미래에 투자하는 것이다. 투자란 밭에 씨를 뿌리는 일과 같다. 씨를 뿌리려면 잡초를 걷어내고 거름을 주고 정성껏 가꾸어야 한다. 잊지 말아야 할 것은 큰 수확을 이루기 위해서는 일정한 대가를 치러야 한다는 것이다. 대가 없이 이룰 수 있는 것은 이 세상에 하나도 없기 때문이다.

당신의 꿈 여정에서 잡초가 되고 있는 것이 무엇인지를 파악하고, 어떤 거름을 주어야 꿈이 무럭무럭 자라는지 알아야 한다. 잡초가 무성한 밭에서는 아무것도 얻을 수 없다. 거저 얻는 이득을 바라지 마라.

꿈은 자신의 미래에 투자하는 것이다. 투자란 밭에 씨를 뿌리는 일과 같다. 씨를 뿌리려면 잡초를 걷어내고 거름을 주고 정성껏 가꾸어야 한다. 잊지 말아야 할 것은 큰 수확을 이루기 위해서는 일정한 대가를 치러야 한다는 것이다.

16

자신감이 없다면 꿈도 없다

자신감으로 인생을 무장한 힐러리 클린턴

힐러리는 빌 클린턴 대통령의 부인으로 세계의 주목을 한몸에 받았다. 하지만 그녀는 퍼스트레이디로 기억되는 것에 그치지 않았다. 2000년부터 본격적으로 정치에 입문해 버락 오바마와 대통령 후보직을 두고 대결을 벌였으며, 국무장관으로 임명되고 나서는 전 세계를 돌아다녔다. 지금은 오바마의 뒤를 이을 민주당의 강력한 대선 후보로 거론되고 있다.

힐러리의 당찬 외모와 옷차림은 늘 화제가 되었다. 그녀 집안이 부유하고 본인이 변호사였기 때문에 늘 자신감이 넘쳐 있었다. 결혼 후 남편이 주지사 선거에서 자꾸 낙선하는 것은 자신이 주지사 부인의 이미지를 갖추지 않아서라고 생각했다. 그래서 머리를 세련되게 커트하고 안경을 벗고 콘택트렌즈로 바꾸는 등 다양한 이미지 변신을 시도했다. 남자들이 금발을 좋아하는 것을 알고는 수십 년째 금발을 유지하고 있다.

빌 클린턴이 대통령으로 당선되고 르윈스키와의 추문으로 인한 탄핵 위기를 벗어날 수 있었던 것도 모두 힐러리의 내조와 당당함 때문이었다.

이와 관련된 유명한 일화가 있다.

클린턴이 대통령으로 취임한 후 힐러리와 자동차를 타고 가다가 주유소에 들렀다. 그런데 우연찮게도 주유소의 사장이 힐러리의 고교 동창이었다.

"힐러리, 오랜만이야. 그동안 잘 지냈어?"

"보다시피 미국의 퍼스트레이디가 됐어."

"나도 소식 들었어. 축하해. 근데 학창시절 내가 데이트 신청을 했던 거 기억나?"

"기억나고 말고. 그땐 우리 둘 다 젊었었지."

주유소를 빠져나오며 추억에 잠긴 힐러리에게 클린턴이 농담을 던졌다.

"당신이 저 사람과 결혼했다면 주유소 사모님이 되었을 텐데,

안타깝군."

그러자 힐러리가 클린턴을 쳐다보며 말했다.

"아니죠. 저 사람이 대통령이 되어 있겠죠."

이 일화는 힐러리의 자신감이 어느 정도인지를 잘 말해준다.

다른 사람이 당신을 좋아하고 지지하게 만들고 싶다면 가장 먼저 스스로가 자기 자신을 좋아하고 지지해야 한다. 힐러리는 위기에 직면하여 흔들릴 때마다 셀프 토크로 모면했다.

"점점 더 예뻐지고 있어. 갈수록 자신감이 넘치고 있어. 내일은 오늘보다 더 예뻐질 거야! 더 멋있어질 거야!"

옥스퍼드 사전에 따르면 자신감이란 '확신, 자신, 대담함'을 뜻한다. 영국의 시인이자 평론가인 사무엘 존슨이 '자신감은 위대한 과업의 첫째 요건이다'라고 말한 이유도 여기에 있다.

살다 보면 자신감이 강해질 때가 있는가 하면 한없이 약해질 때도 있다. 우리는 어떤 상황에서는 대단한 자신감을 갖지만 또 다른 상황에서는 두려움에 떤다. 그리고 어떤 사람들과 있으면 편안함을 느끼지만 다른 이들과 있으면 왠지 모를 불안감을 느낀다. 이런 현상은 자신감과 친근감에 따라 크게 좌우된다. 우리가 잘한다고 생각하는 일에는 자신감이 생기고 우리가 잘 아는 사람들과 함께 있으면 편안해지는 것이다. 1920년 노벨평화상을 수상한 미국 제28대 대통령 토마스 월슨은 이렇게 말했다.

"다음의 말을 꼭 지킨다면 십중팔구는 성공한다. 자신을 가지는 일, 그리고 그 일에 전력을 다하는 일이 그것이다."

자신을 믿지 못하거나 또는 다른 사람들의 행동을 믿거나 예측할 수 있다는 확신이 없으면 어느 누구도 자신감을 발달시킬 수 없다. 자신감의 출발은 바로 당신 내면에 있는 확신과 자기애를 밖으로 끄집어내는 것에서부터 시작된다.

자신감을 키우기 위해서는 우선 자신에게 친절해야 한다. 남과 비교하지 말고 나의 장점을 살릴 수 있는 분야를 찾아 그 일 속에서 차근차근 자신감을 쌓아야 한다. 자신감이 넘쳐 오만해져서는 안 되지만 자신감이 없어 위축되거나 세상 뒤에 숨어서도 안 된다. 자신을 믿는 힘이야말로 꿈과 행복을 이루기 위한 지름길임을 잊지 마라.

자신을 믿지 못하거나 또는 다른 사람들의 행동을 믿거나 예측할 수 있다는 확신이 없으면 어느 누구도 자신감을 발달시킬 수 없다. 자신감의 출발은 바로 당신 내면에 있는 확신과 자기애를 밖으로 끄집어내는 것에서부터 시작된다.

17

꿈은 황금보다 더 소중하다

가난을 이겨내고 〈록키〉의 주인공이 된 실베스터 스탤론

한 영화배우 지망생이 있었다.

그는 태어날 때 핀셋에 잘못 집히는 사고로 왼쪽 얼굴에 마비가 일어났다. 입이 삐뚤어지고 눈이 축 처지게 되었으며 정확한 발음도 할 수 없게 되었다. 그래서 항상 아이들에게 놀림감이 되었다. 말썽도 심하고 공부도 못해 11년 동안 14개 학교를 전전하기도 했다.

그에게는 꿈이 있었다. 영화배우가 되어 스크린에서 자신의 꿈을 마음껏 펼치는 것이었다. 하지만 오디션에서 1855번의 거절을 당할 정도로 그의 연기는 형편없었다. 그는 파트타임 연기자로 근근이 생활했다. 배우로서는 생활을 유지할 수 없어 값싼 여관에서 시나리오를 쓰기도 했다. 집세를 내기 위해 브롱크르 동물원의 사자 우리를 청소하기도 했다. 생활은 좀처럼 나아지지 않았지만 마음에 품은 꿈을 포기하지 않았다.

어느 날 청년은 권투 경기를 참관하던 중 문득 이런 생각이 떠올랐다.

'무하마드 알리와 마지막 라운드까지 싸운 선수가 없다. 만약 어떤 무명의 선수가 그와 마지막 라운드까지 싸운다면 관객들은 어떤 반응을 보일까?'

청년은 여관으로 돌아와 타자기 앞에 앉았다. 그리고 자신의 생각을 써내려가기 시작했다. 그렇게 3일 만에 시나리오 초고가 완성되었다. 그는 다음날 영화사를 찾아갔다. 며칠 후 시나리오를 읽어본 관계자가 연락을 해왔다.

"시나리오가 거칠기는 하지만 손해는 안 볼 것 같네. 2만 달러로 계약하는 게 어떤가? 남자 주인공은 최고의 배우로 섭외하겠네."

청년은 깜짝 놀랐다. 2만 달러는 매우 큰돈이었다. 당시 그의 수중에는 겨우 100달러밖에 없었다. 하지만 청년은 그 제안을 거절했다.

"이 영화는 저를 모델로 한 것입니다. 제가 이 영화의 주인공이 되고 싶습니다."

"하지만 자네의 얼굴을 아는 사람은 이 미국 땅에서 한 명도 없네. 좋네. 자네가 주연을 맡지 않는다는 조건으로 8만 달러를 주겠네. 어떤가?"

청년은 다시 그 제안을 거절했다.

여관으로 돌아온 청년은 또다시 배고픈 생활을 이어나갔다. 하지만 마음만은 편했다.

'나의 꿈은 영화배우가 되는 것이야. 시나리오 작가는 그 꿈을 이루기 위한 정거장에 불과해. 내가 영화에 출연하지 않고 시나리오 작가로만 머문다면 내 꿈은 영원히 이루어지지 않을 거야.'

며칠 후 다시 영화사에서 연락이 왔다.

"당대 최고의 미남 스타인 로버트 레드포드가 주인공을 맡기로 했네. 20만 달러를 줄 테니 계약하세. 흥행은 보장되었고 자네는 평생 쓰고도 남을 돈을 벌게 될 걸세."

청년은 또다시 거절했다. 청년에게 돈보다 더 중요한 것은 바로 자신의 꿈을 이루는 것이기 때문이었다. 며칠 후 다시 영화사에서 연락이 왔다. 이번에는 무려 30만 달러를 제시했지만 역시 거절했다.

'내 꿈을 포기하면서까지 돈을 벌고 싶지 않아. 평생을 못다 이룬 꿈을 후회하며 살고 싶지 않아.'

결국 영화사는 그에게 주연을 맡기는 데 동의했다.

"자네 고집 앞에 우리가 졌네. 하지만 이것도 엄연히 비즈니스야. 시나리오 비용으로 2만 달러밖에 줄 수 없네. 그리고 출연료는 신인 배우에 맞게 측정될 걸세."

청년은 뛸 듯이 기뻤다.

"제 의견에 동의해주셔서 감사합니다. 아직 초보 연기자이지만 열심히 해보겠습니다."

결국 청년은 주당 345달러의 출연료를 받고 자신이 쓴 시나리오에 출연했다. 세금을 제외한 순수입은 영화사에서 시나리오 비용으로 제시한 30만 달러에 훨씬 못 미치는 6천 달러에 불과했다.

'드디어 내 꿈을 이루는구나.'

1975년 드디어 〈록키〉라는 이름의 영화가 미국 전역에 개봉되었고 주인공의 이름에 그 청년, 실베스터 스탤론의 이름이 걸렸다. 필라델피아 빈민촌에 사는 청년 록키 발보아가 4회전 복서로 살며 기회를 맞게 된다는 내용은 관객들을 환호시켰다. 독립기념일을 맞아 헤비급 세계 챔피언인 아폴로가 무명의 복서에게 도전권을 주려는 이벤트를 벌이는데 록키가 그 도전자로 선발되는 행운을 안게 된다. 록키의 목표는 단방에 KO로 관객을 열광시키려는 아폴로의 주먹을 이겨내며 15회를 견디는 것, 애초에 실베스타 스탤론이 영감을 받은 그대로였다. 마지막 장면을 본 관객들은 눈물을 흘리며 열광했다. 특히 록키가 마이크를 잡고 그의 애인인 '애드리안!'을 외치는 장면은 지금 생각해도 가슴이 뭉클하다.

결국 〈록키〉는 1억 달러라는 엄청난 흥행을 기록했다. 그리고 1976년 스탤론은 아카데미 남우주연상 후보에 올랐고 〈록키〉는 최우수 작품상, 최우수 감독상, 최우수 편집상 등 세 부문에서 수상한 쾌거를 이루었다. 총 6편까지 제작된 〈록키〉 시리즈는 총 10억 달러의 흥행 수입을 올리며 영원한 전설로 남았다.

그때 실베스터 스탤론이 30만 달러에 눈이 어두워 자신의 꿈을 포기했다면 어떤 결과가 일어났을까? 불굴의 복서 록키는 다름 아닌 실베스터 스탤론 그 자체였다. 넘어지면 일어서고, 일어서서 다시 싸우는 록키의 모습에는 어떤 고난과 좌절에도 굴하지 않고 자신의 꿈과 목표를 향해 달려가는 청년 실베스터 스탤론의 모습이 투영되어 있었다. 스탤론은 이렇게 말했다.

"당신의 열망을 다른 사람들과 나눌 필요는 없다. 오로지 당신

과 당신 자신간의 문제여야 한다. 말이 많을수록 실제 행동은 덜
하게 된다. 한 가지 목표를 더 오래 간직할수록 목표를 달성하기
가 쉽다. 꿈을 기억하자. 꿈이 없으면 존재하지 않는 것과 같다."

당신의 열망을 다른 사람들과 나눌 필요는 없다. 오로지 당신과 당신 자신간의 문제
여야 한다. 말이 많을수록 실제 행동은 덜하게 된다. 한 가지 목표를 더 오래 간직할
수록 목표를 달성하기가 쉽다. 꿈을 기억하자. 꿈이 없으면 존재하지 않는 것과 같다.

18

당신이 선택한 직업에서 길을 찾아라

한 우물을 파며 일생을 살았던 슈바이처 박사

우리는 학교를 졸업하면 싫든 좋든 일을 선택해야 한다. 돈을 모아 결혼도 해야 하고, 자식도 낳아야 하고, 부모님께 효도도 해야 한다. 중요한 것은 취직(就職)과 취업(就業)은 엄연히 다르다는 것이다. 취직이 수많은 일 가운데 자신의 상황에 맞는 직장을 그때그때 얻는 것이라면 취업은 자신이 평생을 업으로 삼을만한 일을 얻는다는 뜻이다. 주변을 둘러보면 분야가 서로 다른 직장을 여러 차례 옮기는 친구가 있는가 하면, 한 분야를 줄기차게 파고드는 친구도 있다. 꼭 한 분야가 아니더라도 그 비슷한 분야에 계속해서 천착한다.

우스갯소리로 '한 우물을 파든 여러 우물을 파든 물이 먼저 나오는 사람이 이긴다'라는 말이 있다. 하지만 자신의 꿈을 이루고 성공한 대부분의 사람은 한 우물을 판 경우가 많다. 무엇보다 남들보다 한 발짝 앞서 나간 사람들이다. 그들은 자신이 선택한 업에 대해 열정과 노력으로 성공을 이끌어냈다. 한눈팔지 않고 자신의 일에서 미래를 예측하고, 자신의 판단력과 직관을 믿고 돌진한 것이다. 넘어지고 무릎이 깨져도 다시 일어나 한 곳을 향해 열심히 뛴 사람들이다.

"한 우물을 파라. 샘물이 나올 때까지."

이 말은 20세기의 성자 슈바이처 박사가 평생 동안 곁에 두었던 좌우명이다. 그는 안락한 삶과 성공을 버리고 전혀 연고도 없는 아프리카 오지에서 헐벗고 굶주린 흑인들을 일해 일생을 바쳤다. 슈바이처는 의료 봉사를 하다가 돈이 떨어지면 유럽으로 돌아와 오르간 연주회를 연 다음 그 수익금으로 다시 봉사에 매진했다. 어릴 적부터 음악에 재능이 뛰어나 교회에서 오르간을 연주한 경험이 도움이 된 것이다. 이 같은 박애사업으로 1952년 노벨평화상을 받았으며 가봉의 랑바레네에서 일생을 마쳤다.

슈바이처 박사는 말했다.

"성공이 행복의 열쇠가 아니라 행복이 성공의 열쇠다. 자신의 일을 진심으로 사랑하는 사람이라면 그는 이미 성공한 사람이다. 가장 행복한 사람으로 찬양받을 사람은 가장 많은 사람을 행복하게 해준 사람이다.

당신이 선택한 직업에서 길을 찾아라. 일 속에서 당신의 꿈과 미래를 발견하라. 하루에 30분 만이라도 집중하고 또 집중해라. 어쩌면 당신의 가슴에서 인류를 바꿀 신제품이 나올 수도 있고, 평생 써도 남을 돈을 거머쥘 수도 있다. 당신을 믿고 자신과 대화를 나누어라. 그리고 몸을 움직여라.

19
실수는 꿈을 단련시키는 훈련이다
게임에서 승리하는 법을 알려준 브라이언트 코치

누구나 실수를 한다. 실수하지 않은 사람은 이 세상에 없다. 조심하지 않아 잘못하는 것이 실수이다. 실수는 성공의 또 다른 이름이다. 빛이 있으면 그림자가 생기듯, 성공의 빛은 실수의 그림자를 거느린다. 전설적인 앨라배마 대학 미식축구 코치인 폴 베어 브라이언트는 실수에 대해 이렇게 말했다.

"실수를 저질렀을 때 그것을 만회하려면 다음 세 가지 일을 해야 한다. 첫째 실수를 인정할 것. 둘째 실수로부터 배울 것. 셋째 실수를 반복하지 말 것."

심리학자인 토머스 길버트는 앨라배마 대학에서 교수로 있을 때 그 학교에서 근무하는 폴 브라이언트 코치를 주의 깊게 지켜보았다. 브라이언트는 선수들에게 격려를 하지 않았고 고함을 치지도 않았다. 그는 선수들의 동작을 자세히 관찰했다. 그리고 선수들이 연습하는 모습을 비디오 카메라로 촬영했으며 선수들의 성과에 대해 꼼꼼히 기록했다.

브라이언트 코치는 어느 선수가 실수를 하면 그 점을 지적하고 그가 제대로 하는지 계속 지켜보았다. 선수가 제대로 하면 칭찬해주었다. 토머스 길버트는 자신의 저서에서 폴 베어 브라이언트 코치에 대해 이렇게 적었다.

"브라이언트는 선수들을 완전한 인격체로 대접해주었다. 그는 선수들에게 현재 어느 정도 수준인지, 얼마나 기량이 향상되고 있는지, 더 향상하기 위해서는 어떤 노력을 해야 하는지를 말해주었다. 그것이 선수들에게 해준 전부였다."

덴젤 워싱턴과 진 핵크만이 출연해 뛰어난 작품성과 연기를 보여주었던 잠수함 영화 〈크림슨 타이드〉에는 앨라배마 대학과 브라이언트 코치에 대한 오마주가 담겨져 있다. 영화에 등장하는 핵잠수함의 이름이 앨라배마였으며, 제목인 '크림슨 타이드'는 앨라배마 대학 풋볼팀의 애칭이기도 했다. 그리고 영화 속 진 핵크만의 곁에 있는 개의 이름은 바로 베어였다.

브라이언트 코치는 선수들을 어떻게 다루는지 알고 있었다. 실수를 하더라도 혼내거나 야단치지 않았다. 스스로 잘못을 깨닫도록 유도했을 뿐이다.

여기서 중요한 것은 실수를 반복하지 않도록 했다는 것이다. 실수도 습관이 되기 때문이다. 실수했을 때 그 탓을 남에게 돌리지 않는 중요한 것이다. 시선은 남이 아닌 자신에게 향해야 한다.

브라이언트 코치는 이렇게 말했다.

"나는 아칸소에서 온 시골뜨끼였다. 그러나 나는 어떻게 해야 승리하는 팀을 이룰 수 있는지 알고 있었다. 그것은 사람들이 하나의 마음으로 서로 심장박동을 느낄 수 있을 때까지 다른 사람을 격려하고 진정시키는 것이다. 거기에는 세 가지 방법이 있다. 나쁜 일이 생기면 '나 때문'이라고 생각하고, 괜찮은 일이 생기면 '우리 때문'이라고 생각하고, 좋은 일이 생기면 '바로 당신 때문'이라고 생각하는 것이다. 이 세 가지야말로 인생이라는 게임에서 승리하는 사람을 얻기 위한 모든 것이다."

실수했을 때는 먼저 거울을 들여다보라. 그리고 온몸으로 그것을 껴안아라. '실수는 해도 실패는 하지 않는다'라는 생각으로 하루하루에 충실하면 당신의 꿈과 목표에 가까워질 것이다.

살다 보면 섬광처럼 스쳐가는 아이디어가 떠오를 때가 있다.

이 순간을 놓치지 마라. 당신에게 엄청난 행운과 부를 줄 수도 있다. 반면 실수로 일이나 중요한 프로젝트를 망치는 경우도 있다. 이 순간도 놓치지 마라. 실수를 자신의 탓으로 돌리거나 빨리 감추려 하지 마라. 실수는 또 다른 혁신이나 신제품 탄생이 될 수도 있다.

우리가 많이 쓰는 포스트잇은 실수와 실패의 산물이다. 1970년대 3M 사에 근무하는 스펜서 실버라는 과학자가 접착용 풀을 개발하다 원료를 잘못 섞는 바람에 탄생했다. 이 연구는 실수로 끝날 수 있었지만 다행히도 아서 프라이라는 동료 때문에 세상에 빛을 봤다. 그는 교회에서 합창단이 부를 찬송가 페이지를 표시하기 위해 종이를 끼워뒀지만 자주 빠졌다. 그때 '붙였다 뗐다 할 수 있는 종이가 있으면 좋겠다'고 생각했고 스펜서 실버의 실패작을 생각해냈다. 현재 포스트잇은 전 세계 사람들에게 없어서는 안 될 문구로 자리를 잡았다.

우리가 즐겨 마시는 맥주 중에 버드아이스도 실수로 태어났다. 추운 겨울날, 한 직원이 실수로 맥주 통을 밖에 내놨는데 버리기 아까워서 한 잔을 마셨다. 그 맛이 오묘하고 기가 막혔다. 그리고 이 맥주는 정식으로 출시되어 지금까지도 많은 사람이 즐겨 마시고 있다.

실수를 두려워하지 마라. 실수는 무엇인가를 배웠다는 뜻이다. 자신의 실수를 겸허하게 받아들이고 실수에 대해 감사하라. 실수와 직접 대면해서 왜 그 실수들이 일어났는지 파악하고 다시는 똑같은 실수를 범하지 않도록 자신을 독려해야 한다.

20
자신에게 없는 것을 탓하지 마라
장애을 딛고 자신의 꿈을 이룬 용감한 사람들

헬렌 켈러는 앨라배마 주의 작은 시골 마을에서 태어났다. 그녀는 부모의 사랑 안에서 무럭무럭 자랐지만 19개월이 되었을 때 뇌척수막염으로 시각과 청각을 모두 잃었다. 그녀의 암울한 미래가 바뀐 것은 여섯 살 때 만난 앤 설리번 선생 덕분이었다. 앤 선생 또한 어려서부터 결막염으로 시각장애인과 다름없는 생활을 해야 했다. 앤은 헬렌 켈러를 극진히 교육시켰으며 그 결과 기적이 일어났다. 헬렌 켈러가 말을 할 수 있게 된 것이다. 둘의 관계는 죽을 때까지 사랑과 오해와 애증으로 얽혀 있었지만 "어떤 기적이 일어나 내가 사흘 동안 볼 수 있게 된다면 먼저 어린 시절 내게 다가와 바깥 세상을 활짝 열어 보여주신 사랑하는 앤 설리번 선생님의 얼굴을 오랫동안 바라보고 싶습니다”라는 헬렌 켈러의 고백처럼 끈끈했다.

헬렌 켈러가 쓴 책 중에 《사흘만 볼 수 있다면》이 있다.

이 책에는 이런 구절이 나온다.

내가 만일 단 사흘만이라도 앞을 볼 수 있다면
가장 보고 싶은 게 무엇인지 나는 충분히 상상할 수 있습니다.
내가 상상의 나래를 펴는 동안 여러분도 한번 생각해보세요.
“사흘만 볼 수 있다면 내 눈을 어떻게 써야 할까?”
셋째 날이 저물고 다시금 어둠이 닥쳐올 때
이제 다시는 자신을 위한 태양이 떠오르지 않으리라는 것을
여러분은 압니다.
자, 이제 그 사흘을 어떻게 보내시렵니까?
여러분의 눈길을 어디에 머물게 하고 싶습니까?

캐나다의 총리를 지낸 장 크레티앙은 선천적인 장애인이었다. 왼쪽 안면 근육 마비로 한쪽 귀가 멀고 발음이 불분명했다. 하지만 그는 장애를 딛고 캐나다의 총리직을 세 번이나 지냈다. 블랙

홀 연구에 뛰어난 업적을 남긴 세계적인 물리학자인 스티븐 호킹은 루게릭병 환자이다. 하지만 장애를 딛고 일어나 우주 물리학의 새로운 세계를 개척했으며 가장 영향력 있고 존경받는 과학자가 되었다.

존 밀턴은 44세에 장님이 되었다. 그로부터 16년 뒤 그는《실낙원》이라는 위대한 작품을 썼다. 앨리슨 래퍼는 태어날 때부터 해표지증이라는 병에 걸려 팔다리가 없이 태어났지만 세계적으로 유명한 화가가 되었다.

뇌성마비로 태어난 빌 포터는 하루도 쉬지 않고 고객들의 집을 방문한 끝에 미국에서 가장 유명한 판매왕이 되었으며, 그가 세운 판매 기록은 아직까지도 깨지지 않고 있다.

태어날 때부터 오른손 팔이 없던 짐 애보트는 뉴욕 양키스에서 맹활약하며 노히트 노런이라는 기적을 만들어냈다.《오체불만족》을 쓴 오토다케 히로타다는 팔다리가 없이 태어났지만 지금은 누구보다 열심히 아이들을 가르치고 있다.

템플 그랜딘은 자폐 증세가 심한 장애인이지만 세계에서 가장 유명한 동물학자가 되었다. 딕 호이트는 뇌성마비 아들 릭 호이트를 휠체어에 태우고 마라톤 64회, 단축 철인3종 경기 20회, 보스턴 마라톤 24회 연속 완주의 기록을 세웠다.

헬켄 켈러는 말했다.

"사람들은 맹인으로 태어난 것보다 더 불행한 것이 뭐냐고 나에게 물어본다. 그럴 때마다 '시련은 있으나 비전이 없는 것'이라고 대답한다."

자신에게 없는 것을 탓하지 마라.
이 세상에 모든 것을 가진 사람은 아무도 없다.

Dream Tip

자신에게 없는 것을 탓하지 마라. 이 세상에 모든 것을 가진 사람은 아무도 없다. 자신이 아무것도 가진 것이 없다고 생각될 때 헬렌 켈러, 스티븐 호킹, 존 밀턴, 템플 그랜딘, 팀 호이트, 오토다케 히로타다, 장 크레티앙의 이름을 기억하라.

21
거울은 먼저 웃지 않는다
총격사건에도 유머감각을 발휘한 레이건 대통령

1981년 3월 여섯 발의 총성이 울렸다. 총을 쏜 사람은 영화배우 조디 포스터의 광적인 팬인 존 헝클리. 그는 엉뚱하게도 미국의 현직 대통령인 레이건을 향해 방아쇠를 당겼다. 레이건은 심장에서 7센티미터 떨어진 곳에 총을 맞고 쓰러졌다. 혼비백산한 주위 사람들이 병원으로 옮기느라 정신이 없는 와중에 레이건이 불쑥 농담을 꺼냈다.

"총에 맞고도 죽지 않은 것은 정말 기분 좋은 일이야."

아내 낸시에게는 이렇게 말했다.

"여보, 총알 피하는 걸 깜빡했어."

위기의 순간에도 마치 NG를 낸 수줍은 영화배우처럼 농담을 하는 모습에 사람들은 깊은 안도감을 느꼈다. 하지만 레이건의 유머는 여기서 끝나지 않았다. 자신을 치료하러 온 의사들에게도 농담을 던진 것이다.

"당신들이 공화당원이었으면 좋겠소."

무겁던 분위기가 일순간 가라앉았다. 다른 사람도 아니고 일국의 대통령이 미치광이한테 어이없게 목숨을 잃어버릴 수도 있는 순간이었다. 하지만 레이건의 그 한마디에 분노와 긴장감으로 가득한 병원 안은 평온함을 되찾았다.

한 의사가 울먹이며 레이건을 향해 말했다.

"대통령 각하, 오늘만큼은 우리 모두가 공화당원입니다."

레이건은 어떻게 죽음의 순간에도 웃음과 유머를 잃지 않고 위기의 순간을 의연하게 대처할 수 있었을까? 그건 그의 몸에 밴 유머 습관 때문이다. 영화배우 출신인 레이건은 누구보다 유머의 힘을 잘 알고 있었다. 웃음과 유머는 마치 바이러스처럼 주위 사람들에게 전염되는 특징이 있다. 만약 레이건이 자신을 제대로 경호하지 못한 경호원들을 문책하고 아내를 원망하고 의사들에게 완치를 재촉했다면 어떻게 되었을까?

레이건의 이런 유머 정치는 여기에서 그치지 않았다. 1984년

재선에 나선 도널드 레이건 대통령은 73세의 고령이었다. 토론 때마다 53세의 월터 먼데일은 나이를 문제 삼았다. 그러자 레이건은 어느 날 "나는 이번 선거에서 나이를 문제 삼지 않겠다. 당신이 너무 젊고 경험이 없다는 걸 정치적 목적에 이용하지 않겠다는 것이다"라고 받아쳐 먼데일을 KO시켰다.

이렇듯 유머는 죽음이라는 극한상황에서뿐만 아니라 위기의 순간을 화해와 기회의 순간으로 바꿔놓을 수 있는 강력한 힘을 가진 바이러스이다.

우리 몸의 근육은 650여 개, 얼굴 근육은 80여 개 정도가 된다. 우리가 웃을 때는 몸의 근육 231개, 얼굴 근육 15개 이상이 움직인다. 아래턱이 움직이고 횡경막 수축과 신선한 공기를 깊이 마실 수도 있다. 10초 동안 웃는 것은 3분 동안 노를 젓는 것과 4분 동안 달리기를 하는 효과와 동일하다.

우리말에 '소문만복래'가 있다. 웃으면 복이 온다는 뜻이다. 일본에는 '웃음은 화살도 피해간다'는 속담이 있고 서양에는 '기쁨의 하루는 슬픔의 이틀보다 낫다'라는 격언도 있다. 권위 있는 의사들과 과학자들은 이 '웃음'에 대해 수많은 실험과 연구를 해왔다. 무엇보다 스트레스를 예방하고 행복을 느끼게 하는 효과가 있다고 그들은 말한다.

'행복하기 때문에 웃는 것이 아니라 웃기 때문에 행복해진다'
는 말을 가슴에 품어야 한다. 각종 연구와 조사에서 유머감각이
있는 사람이 정신건강과 대인관계에서 뛰어나다고 이야기하는
것도 이런 이유에서이다.

당신과 주변 사람들에게 바이러스처럼 퍼트려라. 웃음 유발자
가 돼라. 유머로 타인을 제압할 수 있는 테러리스트가 돼라. 먼저
웃어라. 거울은 결코 먼저 웃지 않는다.

유머감각을 키우는 첫 번째 방법은 먼저 웃는 것이다. 내가 세
상을 향해 웃어주면 세상도 나를 향해 웃어주고, 내가 세상을 향
해 찡그리면 세상도 나를 향해 찡그리게 된다.

하루에 한 번씩이라도 거울을 보고 웃는 연습을 해보라.

22

부지런한 농부는 밭을 탓하지 않는다

부지런함을 재산으로 세계적인 기업을 일군 정주영 회장

자신의 꿈을 이뤄 성공한 사람치고 게으른 사람은 없다. 게으름도 일종의 습관이다. 러시아의 문호 레오 톨스토이는 "게으른 자의 머릿속은 악마가 살기에 가장 좋은 곳이다"라고 했다. 귀차니즘도 게으름의 일종이다. 오늘 일을 차일피일 미루게 되면 결국 해결할 문제가 산적하게 된다. 게으름뱅이는 시간을 낭비하는 것이 아니라 결국 자신과 인생을 낭비하는 것이다.

현대그룹 창업자 정주영 회장의 부모는 빈농이었지만 부지런한 농사꾼이었다. 그러한 부모님 아래에서 배우고 자라 기업 경영에 있어서도 그는 부지런함을 유독 강조했다.

“부지런한 사람에게 좋은 운이 온다.”

한 평, 한 평 땅을 일구던 아버지를 본받아 후에 서산 간척사업의 직접적인 동기가 되기도 했다. 또한 척박한 땅을 개간하는 경험을 통해 흙의 소중함을 깨달았다. 어떠한 일을 할 때는 반드시 땀을 흘리며 열심히 해야만 노력에 대한 대가를 얻을 수 있다는 것도 알았다. 정 회장은 서산 간척지를 개간할 때 주로 헬리콥터를 이용했다. 그는 밥 먹는 시간이 아까워 밥에 물을 말아 새우젓과 함께 5분 만에 뚝딱 식사를 마치곤 했다.

“배에 들어가면 다 똑같다.”

정주영 회장의 이런 부지런함은 1988년 이른바 ‘소떼 방문’으로 결실을 맺는다. 그가 직접 소 1001마리를 직접 몰고 북한을 방문한 이 역사적인 사건은 미국의 뉴스 채널 CNN에서 생중계되었으며 외신들은 지구상에서 유일한 분단국가인 남북한이 최초로 휴전선을 개방했다고 보도했다. 이른바 ‘황소외교’의 출현이었다. 정주영은 언론을 향해 이렇게 말했다.

“어릴 적 가난이 싫어 소 판 돈을 갖고 무작정 상경한 적이 있습니다. 그 후 저는 소를 성실과 부지런함의 상징으로 삼고 인생을 걸어왔습니다. 이제 그 한 마리가 천 마리의 소가 되어 그 빚을 갚으러 꿈에 그리던 고향산천을 찾아갑니다. 이번 방북이 단지 한 개인의 고향 방문을 넘어 남북간의 화해와 평화를 이루는 초석이 되길 진심으로 바랍니다."

정주영 회장은 이렇게 말했다.

"나는 새벽 일찍 일어난다. 왜 일찍 일어나느냐 하면 그냥 내일 할 일이 즐거워서 기대와 흥분으로 마음이 설레기 때문이다. 또 밤에는 항상 숙면할 준비를 갖추고 잠자리에 든다. 날이 밝을 때 일을 즐겁고 힘차게 해치워야겠다는 생각 때문이다. 내가 이렇게 행복감을 느끼면서 살 수 있는 것은 이 세상을 아름답고 밝게, 희망적으로, 긍정적으로 보기 때문에 가능한 것이다."

정주영 회장의 리더십은 성실과 신용, 실천으로 요약된다. 이 같은 그의 정신이 사후 10년이 지났음에도 끊임없이 복기되고 회자되는 이유이다.

"작은 일에 성실한 사람은 큰일에도 성실하다. 작은 일을 소홀히 하는 사람은 큰일을 할 수 없다. 작은 일에도 최선을 다하는 사람은 큰일에도 전력을 다한다. (…) 나는 생명이 있는 한 실패는 없다고 생각한다. 내가 살아 있고 건강한 한 나한테 시련은 있을지언정 실패는 없다."

부지런한 사람은 자신이 떠들고 다니지 않아도 누군가가 지켜보기 마련이다. 그리고 땀과 노력은 결코 배신하지 않는다는 것을 그 누구보다 잘 알고 있다.

아침 일찍 일어나서 하루를 준비하는 습관을 들여라. 잠자리에 들 때 다음날 할 일이 즐거워 기대와 흥분으로 마음이 설렌다면 당신은 성공의 궤도에 진입한 것이다.

큰 부자는 하늘에 달려 있고 작은 부자는 부지런함에 달려 있다. 꿈은 매일 꿀 수 있지만 그것을 현실로 실현시키는 것은 오직 자신의 부지런함에 달려 있다.

Dream Tip

작은 일에 성실한 사람은 큰일에도 성실하다. 작은 일을 소홀히 하는 사람은 큰일을 할 수 없다. 작은 일에도 최선을 다하는 사람은 큰일에도 전력을 다한다. 큰 부자는 하늘에 달려 있고 작은 부자는 부지런함에 달려 있다.

23

직관의 소리에 귀를 기울여라

자신의 직관과 신념을 믿었던 맥도날드 창업자 레이 크록

인생은 선택의 연속이다.

우리는 하루에도 몇십 번씩 선택의 순간을 맞이해야 한다. 아침에 일어나 무슨 옷을 입을까부터 점심은 무얼 먹을까, 학교나 직장이 끝난 뒤에는 무엇을 할까까지. 이런 일상적인 것만 아니라 인생의 순간마다 우리 앞에는 언제나 선택지가 놓여 있다.

이과를 선택할까, 문과를 선택할까, 대학과 학과는 무엇으로 정할까, 직업이나 직장은 어떤 곳이 좋을까, 군대는 육군으로 갈까 공군으로 갈까, 어떤 사람을 만나 결혼은 몇 살에 할까, 아이는 몇 명을 낳을까, 아이를 어떤 사람으로 키울까 등등. 중요한 것은 자신이 어떤 선택을 내리느냐에 따라 삶이 180도로 달라진다는 것이다.

그 순간마다 우리는 몇 개의 선택지를 놓고 최종 결정을 내려야 한다. 이러한 최종 결정은 가족들과 친구들, 직장 동료나 상사, 선생님과 교수님을 비롯한 인생의 멘토들이 도움을 주기도 하고 어떤 때는 책과 영화에서 본 장면이 도움이 될 때도 있다. 하지만 어디까지나 최종 결정을 내리는 사람은 오직 자신이다. 이 결정과 결단의 순간 당신은 자신의 직관을 믿어야 한다. 직관만이 당신에게 해답을 제시해준다.

'왠지 저 사람을 만나면 좋은 일이 많을 것 같아.'

'이 직업을 선택하면 5년 후에는 내 꿈과 행복을 얻을 수 있을 거야.'

직관이란 당신의 마음에서 들려오는 소리이다. 처음에는 막연한 감정으로 시작하는 듯이 보이지만 당신의 마음이 당신에게 끊임없이 요구하고 갈구하는 신호이다.

직관은 당신이 하고 싶은 일을 이끌어준다. 당신 자신에게 보내는 직관의 메시지를 무시하면 결코 꿈과 행복을 이룰 수 없다. 직관은 우리 안에서 탄생한 소중한 보물이다. 직관을 소중히 여기면 자신의 선택과 결단에 자신감이 생기고 주위 사람들의 말과 행동에 좌지우지 되는 일도 없다.

당신 내면에 귀를 기울여봐라. 무슨 소리가 들리는가? 자신이 무엇을 원하고 무엇을 하고 싶고 무엇을 하기 싫은지 자신의 마음에서 나오는 소리를 따라 안으로 들어가 봐라. 이 세상에 자기 자신만큼 당신을 잘 아는 이는 없다. DNA를 발견했으며 노벨의학상을 수상한 제임스 왓슨은 이렇게 말했다.

"직관은 신비한 것이 아니다. 그것은 모든 일이 어떻게 돌아갈 것인지를 알아채는 이면의 감각 같은 것으로 그 존재는 뇌 속에 숨겨져 있다. 직관은 논리적이다."

바둑에서 "묘수를 세 번 두면 반드시 진다"라는 말이 있다. 묘수란 판이 잘 풀리지 않아 오감을 총동원한 끝에 두는 것이다. 대세에 몰려 묘수에 묘수를 거듭해야 하는 판이라면 결국 지게 된다는 격언이다.

살다 보면 이런 일이 종종 일어난다. 취업을 위해 백 장이 넘는 이력서를 썼는데도 연락이 없거나, 회사에서 모처럼 맡은 프로젝트가 이상하게 꼬이거나, 큰맘 먹고 창업한 사업이 실패에 실패를 거듭하거나, 소원해진 인간관계를 풀려고 마련한 자리가 더 큰 오해를 낳거나 등등. 마치 '머피의 법칙'이 자신의 몸에 찰싹 들어붙은 양 세상이 뜻대로 풀리지 않을 때면 그만 주저앉고

싫어진다.

　며칠 동안 머리를 싸매고 그야말로 묘수에 묘수를 생각해냈는 데도 사람들이 알아주지 않을 때는 더더욱 다음 수가 좀처럼 생각나지 않는다. 이럴 때일수록 자신의 내면에서 들려오는 목소리에 귀를 기울여야 한다. 유대교 잠언 중에 '자신의 마음이 무엇을 원하는지 주의 깊게 귀 기울이고 최선을 다해 그것을 선택해야 한다'는 말이 있다. 일이 안 풀릴 때일수록 외부적인 요인이나 환경과 타인을 탓하지 말고 자신을 돌아봐야 한다. 자신 속으로 들어가서 천천히 살펴보아야 한다. 무엇이 잘못되었고 무엇을 놓쳤는지 하나하나 체크해야 한다.

　기회가 와도 그것을 알아차리지 못하는 사람은 결코 성공할 수 없다. 기회가 왔다가 지나갔는지도 모르는 사람도 많다. 기회를 포착하기 위해서는 직관과 촉이 있어야 한다. 뇌와 가슴이 예민하게 반응하도록 하는 훈련도 필요하다.

　맥도날드 창업자인 레이 크록은 자신에게 찾아온 몇 번의 기회를 결코 놓치지 않았다. 레이 크록은 17년간 종이컵을 판매했던 영업 사원이었다. 그의 인생이 바뀐 것은 맥도날드 형제의 소문을 듣고 나서였다. 그는 당장 LA로 날아갔다. 그리고 충격적인 장면을 발견했다. 식당 앞에는 기다란 줄이 있었고 주차장은 가득 차 있었다. 무엇보다 주문 창구에서 햄버거가 든 봉투를 받아 들고 자동차로 향하는 손님들의 행렬이 끝없이 이어졌다.

그날 밤 모텔 방에서 레이 크록은 낮에 본 것들에 관해 이런저런 생각을 거듭했다. 맥도날드 레스토랑이 미국 전역의 주요 교차로마다 하나씩 들어서는 광경이 머릿속을 온통 가득 채웠다. 모든 매장에서는 8대의 멀티믹서가 쉴 새 없이 가동되고, 주머니에는 끊임없이 돈이 가득 차는 풍경이 그려졌다. 그는 또다시 기회가 왔다고 생각했다. 그리고 그것을 놓치지 않았다.

1954년 비행기를 타고 시카고로 돌아오던 그 운명의 날에 레이 크록의 서류 가방에는 갓 서명한 맥도날드 형제의 계약서가 들어 있었다. 그는 비즈니스라는 전쟁터에서 잔뼈가 굵은 상처 입은 노병이었다. 당시 그의 나이는 52세였다. 당뇨병에 관절염 초기 증상도 있었다.

치열한 전투를 거치며 갑상선 대부분과 담낭도 잃었다. 하지만 그는 인생의 절정기는 아직 시작되지 않았다고 생각했다.

"나는 여전히 '푸른' 미숙한 인간이고 성장하는 중이다. 온 힘을 다해 전념한다면 이루지 못할 일은 없다."

레이 크록은 상표권과 상호권 등 맥도날드의 모든 권리를 사들이려고 했다. 하지만 주위에서 반대가 극심했다.

"여기서 멈추어야 하네. 이제 우리의 재정도 바닥이 났네. 맥도날드 형제는 자네를 봉으로 생각하고 무리한 요구를 하고 있네."

하지만 레이 크록은 자신의 직관과 신념을 믿었다. 천문학적인 금액이 맥도날드 형제의 주머니 속으로 들어갔다. 하지만 후에 그가 소유하게 될 어마어마한 주식과 금액에 비하면 그건 새 발의 피였다. 그가 만약 자신의 직관을 믿지 않고 친구의 말대로 맥도날드 인수를 포기했다면 오늘날 같은 엄청난 부를 이루지 못했을 것이다.

직관의 힘이란 이런 것이다. 자신의 판단을 믿고 실행에 옮기는 것. 우리는 그 어느 때보다 직관의 힘이 필요한 시대에 살고 있다.

자신의 직관을 믿어라.

직관은 당신이 꿈꾸던 곳으로 안내할 것이다.

Dream Tip

자신의 마음이 무엇을 원하는지 주의 깊게 귀 기울이고 최선을 다해 그것을 선택해야 한다. 직관이란 당신의 마음에서 들려오는 소리이다. 처음에는 막연한 감정으로 시작하는 듯이 보이지만 당신의 마음이 당신에게 끊임없이 요구하는 신호이다.

24

꿈이 있는 사람은 인생을 즐긴다

무일푼으로 시작해 억대 강연료를 받는 브라이언 트레이시

"희망은 절대로 당신을 버리지 않는다. 다만, 당신이 희망을 버릴 뿐이다."

이 말은 리처드 브리크너의《망가진 날들》에 나오는 대사이다. 이 소설은 불의의 사고로 휠체어에 의지할 수밖에 없는 젊은이가 주인공이다. 그는 꿈과 희망을 잃은 채 하루하루 힘겹게 살아간다. 하루는 주인공이 자신의 간병인에게 물었다.

"내게 미래가 있을까요?"

간병인이 대답했다.

"장대높이뛰기 선수로는 희망이 없죠. 하지만 인간으로서는

무한대의 희망이 있습니다.”

일본에서만 120여만 부가 팔린 《행복한 부자》 시리즈의 저자 혼다 겐은 대부분의 사람은 자신이 무엇을 좋아하는지를 잘 모르고 종종 잘하는 일과 좋아하는 일을 혼동한다고 말했다. 그러면서 감정의 가계부를 쓰기를 권했다.

하루 중 기뻤거나 유쾌했던 순간, 자신도 모르게 집중했던 순간, 남이 자신에게 잘한다고 한 일, 겁이 나고 부담스러웠던 순간, 시간이 길게 느껴지고 지루했을 때 등 감정의 플러스와 마이너스를 결산해보면 자신이 좋아하는 일을 파악할 수 있다는 설명이다. 덧붙여 꿈의 중요성과 소중함을 강조했다.

“꿈이 있는 사람은 인생을 즐긴다. 어려움이 닥쳐도 기꺼이 과정으로 받아들인다. 반면 꿈이 없는 사람은 자기 인생의 주도권을 남에게 맡긴 것이나 마찬가지이다. 삶이 무미건조하다면, 꿈을 리모델링 할 때가 된 것은 아닌지 생각해라.”

세계적인 자기계발 및 동기부여 전문가인 미국의 브라이언 트레이시 회장은 무일푼으로 시작해 22개의 사업체를 일으켜 세우고, 전 세계를 돌며 매년 35만 명의 청중을 대상으로 강연 활동을 하고 있다.

그는 가난한 집에서 태어나 유년 시절 제대로 학교에 다니지 못했고, 접시 닦기부터 시작해 세차, 청소 등 닥치는 대로 일할 수밖에 없었다. 결국 그가 선택한 직업은 세일즈였다. 하지만 좀처럼 매출이 오르지 않았다. 트레이시는 절망에 빠졌다.

어느 날 그는 문득 이런 생각이 들었다.

'분명히 어딘가에 내 미래가 있을 거야.'

트레이시는 그동안 좋은 실적을 올렸던 선배들의 파일을 일일이 검토하기 시작했다. 그리고 연락처를 알아내 그들을 직접 찾아다녔다.

"선배님의 노하우를 알고 싶습니다."

뜻밖의 방문을 받은 선배 세일즈맨들은 트레이시를 친절하게 맞아주었다.

"자네라면 열정적인 마음만 있다면 꼭 성공할 걸세."

그렇게 몇 달이 지나자 매출이 쑥쑥 올라갔다.

'그도 했고, 그녀도 했다면 나도 할 수 있어.'

트레이시는 결국 판매왕에 올랐고 성공의 발판을 마련했다.

1시간 강연에 8억 원의 강연료를 받는 것으로도 유명한 그는 매 강연마다 목표 설정의 중요성을 강조한다. 그에 따르면 '목표를 구체적으로 정해서 기록하는 사람은 전 세계인의 3퍼센트에 불과하지만 이들은 모두 고액연봉자이며 나머지 97퍼센트는 윗 사람이 시키는 대로 일하면서 다른 사람의 목표 실행에 도움만 주는 평범한 사람이 된다'고 했다. 그리고 이런 말을 덧붙였다.

"취직해서 보스가 시키는 대로 일하다 60세가 넘어 정년 퇴직을 하는 사람이 대부분이다. 어느 날 종이에 나의 목표를 적어봤는데 한 달 후 목표를 달성했을 때 감전된 듯한 느낌을 받았고 이것이 인생의 전환점이 됐다."

꿈이 있는 사람은 스스로 개척 통로를 마련한다.

그리고 매순간을 즐긴다.

Dream Tip

꿈이 있는 사람은 인생을 즐긴다. 어려움이 닥쳐도 기꺼이 과정으로 받아들인다. 반면 꿈이 없는 사람은 자기 인생의 주도권을 남에게 맡긴 것이나 마찬가지이다. 삶이 무미건조하다면, 꿈을 리모델링 할 때가 된 것은 아닌지 생각해라.

25

상대방을 배려하고 적을 만들지 마라
작은 배려를 큰 은혜로 갚은 하워드 캘리 박사

"형제의 배가 항구에 도착하도록 도와주라. 그리고 살펴보라. 그러면 당신의 배도 무사히 항구에 도착해 있다는 사실을 알게 될 것이다."

힌두교 속담에 나오는 말이다.

세상은 혼자 살 수 없다. 꿈도 마찬가지이다. 아무리 좋은 꿈을 가지고 있다고 해도 다른 사람의 도움 없이는 그 꿈을 이룰 수가 없다. 당신이 만약 꿈을 이루기 위해 노력하고 있다면 타인을 배려하고 아끼는 마음이 필요하다. 상대를 배려하지 않고 자신의 꿈을 위해서 수시로 적을 만드는 사람은 꿈과 멀어진다.

미국의 저명한 의사인 하워드 캘리는 가난한 대학 시절 학비를 벌기 위해 여름방학 내내 책을 팔러 다녔다. 어느 날 한 농가에 들렀다. 문을 두드리자 한 소녀가 얼굴을 내밀었다.

"물 한 잔만 마실 수 있을까요? 목이 너무 말라서요."

소녀는 고학생이 배가 고프다는 사실을 눈치 챘다.

"잠시만요."

소녀는 큰 컵에 우유 한 잔을 가지고 와서 고학생에게 주었다. 고학생은 단숨에 우유를 마셨다.

"저, 우윳값을 내고 싶은데요…."

"됐습니다. 우유 한 잔뿐인데요. 더운데 건강 조심하세요."

그로부터 여러 해가 흘렀다. 캘리는 의과대학을 졸업하고 존스 홉킨스 병원의 외과 과장이 되었다. 하루는 위급한 환자가 병원에 입원했다. 당장 수술이 필요한 환자였다. 노련한 캘리 박사는 환자를 완쾌시키기 위해 열심히 수술에 임했다. 수술 후 환자는 빠르게 회복되었다. 퇴원할 날이 다가오자 환자는 병원비가 걱정이 되었다.

"간호사님, 제 청구서 좀 갖다 주시겠어요?"

간호사가 청구서를 가져와 내밀었다. 그녀는 무거운 마음으로 청구서를 읽다 긴 한숨을 쉬었다. 예상대로 큰 액수였다. 하지만 조금 더 읽어보니 청구서 제일 하단에 다음과 같은 메모가 적혀 있었다.

— 당신의 치료비는 한 잔의 우유로 모두 지불되었습니다.

그 밑에는 캘리 박사의 사인이 있었다.

이처럼 배려는 상대방의 마음을 움직이게 하는 마력이 있다. 진정한 배려란 남을 위하는 마음이고 남을 먼저 생각하는 마음이다. 또한 다른 사람의 말에 귀를 기울이고 다른 사람이 불편하지 않도록 자상하게 마음을 쓰는 것이다. 나와 다른 의견을 가지고 있다 해서 무시하거나 비난하지 않고 인정해주는 것도 배려이다.

어리석은 사람은 자기 이익에만 매달리고 지혜로운 사람은 남의 이익에 헌신한다는 말이 있다. 배려란 결국 자신을 위한 것이다. 배려는 또한 역지사지 정신이 있어야 한다.

미국 대통령 오바마의 자서전《담대한 희망》을 보면 역지사지에 대한 흥미로운 이야기가 나와 있다. 오바마 대통령의 어머니는 어린 오바마가 말썽을 피우면 아들의 눈을 쳐다보며 "다른 사람이 네게 그렇게 하면 기분이 어떨 것 같니?"라고 물었다. 어머니의 가르침과 선견지명으로 오바마는 지금 역지사지를 통한 공감이 뛰어난 대통령으로 정평이 나 있다.

“모든 사람에게 예의 바르고 친절한 사람은 누구에게도 적이 되지 않는다.”

미국의 정치가 벤자민 프랭클린의 이 말을 기억하라. 내가 남을 위하고 사랑하는 만큼 남도 나를 위하고 사랑할 것이다.

26

꿈은 상상력을 먹고 자란다
영화와 드라마로 상상력 훈련을 즐기는 이건희 회장

삼성그룹 이건희 회장은 영화와 드라마를 즐겨 본다. 해외 출장 때문에 드라마 시청이 어려우면 국내에서 DVD를 공수해오기도 한다. 이건희 회장은 재미삼아 영화와 드라마를 보는 것이 아니다. 영화와 드라마를 보며 감독이나 배우의 입장이 되어 자신을 투영하며 즐긴다. 하루는 한 계열사 사장이 호텔방에 있는데 이건희 회장이 노크를 했다.

"나도 못 본 영화가 있는데 함께 보십시다. 영화를 보면서 앞으로 진행될 프로젝트에 대해 서로 이야기해보자구요."

그는 영화와 드라마를 보며 나름대로 시뮬레이션을 하는 것이다. 이런 시뮬레이션을 통해 상상력을 키우고 이를 통해 인생과 비즈니스를 설계한다. 그는 대기업의 최종 책임자이다. 하지만 결단이 내려진 후 구체적인 시행에 따른 권한은 책임자에게 위임하는 스타일의 리더다.

책, 뉴스, 드라마, 영화에는 뜻밖의 힌트가 담겨져 있다. '만약 내가 저 사람이라면' '만약 내가 저 상황이라면 어떻게 했을까' 머릿속으로 마음껏 상상해보고 시뮬레이션 하는 훈련과 습관을 키워준다.

남의 꿈을 내 것으로 만드는 것도 가능하다. 남의 이야기에는 내 꿈에 필요한 지혜와 교훈이 담겨 있다. 실수와 실패를 통해 선행학습도 할 수 있다. 여러 가지 상황에 나를 대입시켜 보면 뜻하지 않은 보물과 해답을 발견할 수 있다.

"삼류 리더는 자기 능력을 사용하고, 이류 리더는 남의 힘을 이용하고, 일류 리더는 남의 지혜를 사용한다."

이건희 회장이 즐겨 본다는 《한비자》에 나오는 말이다. 한 사람이 여러 인생을 살 수는 없지만 머릿속으로 얼마든지 상상하고 즐길 수는 있다.

버락 오바마가 되어 미국을 움직여보고, 빌 게이츠나 손정의가 되어 기업을 경영해보자. 그리고 자신의 머릿속에서 이미지화하며 여러 상황을 시뮬레이션 해보라. 이런 습관이 쌓이면 상황 대처 능력과 창조력이 생길 것이다.

꿈을 끊임없이 자극해야 한다.
꿈에 상상력을 담지 못하면 꿈은 생명력을 얻지 못한다.

27
꿈이 있는 사람은 늙지 않는다
환갑이 넘은 나이에도 젊은 오빠로 불리는 어모털족 조용필

2013년 봄 대한민국 가요계는 한 가수 때문에 술렁였다. 주인공은 19집 앨범 〈헬로〉로 컴백한 '영원한 젊은 오빠' 조용필이었다. 그의 신작 앨범을 사기 위해 새벽부터 교보문고 앞은 인파로 붐볐고, 앨범은 며칠 사이에 동이 났다. 각종 매스컴은 이 놀라운 현상에 대해 연일 보도했다.

초기작 〈돌아와요 부산항에〉를 비롯해 〈창밖의 여자〉, 〈단발머리〉, 〈친구여〉, 〈킬리만자로의 표범〉 등 수많은 명곡으로 한국 가요사에 한 획을 그은 소용필. 그의 신작 앨범을 축하하는 콘서트장에는 수많은 플래카드가 내걸렸다.

─영원한 오빠!

─오빠 보러 왔어요!

─오빠, 아들 딸 데리고 왔어요!

조용필은 1950년생으로 2013년 현재 64세이다. 환갑이 넘은 나이에 여전히 '오빠'로 불리는 비결은 무엇일까? 한 네티즌은 조용필의 신작 앨범을 듣고 "외국의 인기 록밴드가 떠올랐다. 이 것이 어떻게 60대의 음악인가?"라고 적었다. 나이가 들어도 나이가 느껴지지 않는 음악을 하는 조용필, 그의 힘은 어디서 나오는 것일까?

조용필의 이러한 열기 때문에 신조어가 생겨났다. 바로 어모털족(amortals)이다. 이는 죽을 때까지 나이를 잊고 살아가는 현상을 의미하는 신조어 '어모털리티(amortality)'에서 파생돼 '영원히 늙지 않는 사람들'을 지칭한다. 고령의 나이에도 왕성한 활동과 도전을 멈추지 않는 이들은 '베이비붐' 세대의 은퇴와 맞물려 고령화 사회를 대표하는 트렌드로 부각되고 있다.

스페인 가수 훌리오 이글레시아는 어모털족의 아이콘이라고 할만하다. 그는 아버지가 89세에 재혼해 낳은 아들이었다. 축구 선수였다가 자동차 사고를 당한 후 가수로 전환해 70세가 넘어서도 현역으로 활동하고 있다. 또한 여자는 나이가 들면 할리우드 영화 주인공이 될 수 없다는 불문율을 깬 메릴 스트립과 현대 경영학의 창시자이자 96세로 숨질 때까지 왕성한 저작 활동을 한 피터 드러커, 환갑에 가까운 나이임에도 불구하고 여전히 무대에서 섹시미와 관능미를 연출하고 있는 마돈나 또한 어모털족의 대표적인 인물이다.

이들뿐만 아니다. 우리 주변에는 수많은 어모털족이 있다. '청춘은 지금부터'라고 외치며 세계대회에서 우승한 70세의 몸짱 할아버지가 있는가 하면, 959번의 실패와 도전 끝에 969번에 운전면허증을 손에 넣은 차사순 할머니도 있다.

늦은 나이에도 불구하고 이렇게 자신의 분야에서 빛을 발하고 있는 이들의 공통점은 무엇일까? 그건 바로 그들에게 꿈이 있기 때문이다. 육신은 비록 늙었지만 마음속에는 언제나 꿈이 있기 때문에 그들은 결코 늙지 않았다.

한 기자가 조용필에게 물었다.

"선생님은 어떻게 젊음을 유지하십니까? 그 비결을 좀 알려주세요."

조용필이 대답했다.

"열심히 일하는 것이 젊음의 비결입니다."

꿈이 있는 사람은 결코 늙지 않는다. 비록 주름살이 생기고 걸

음걸이는 늦어져도 마음만은 늘 청춘을 유지한다. 꿈을 이루기
에 너무 늦은 나이란 없다.

28

꿈을 위해 적을 만들지 마라
유머와 재치로 적을 만들지 않은 영국 수상 처칠

"열 명의 친구보다 한 명의 적이 없는 것이 낫다."

꿈을 이룬 사람들은 남다른 인간관계를 가지고 있다. 그들은 대부분 훌륭하고 이로운 친구들을 곁에 두고 있다. 더러 독불장군처럼 살기도 하고, 남에게 지기 싫어하는 성격 탓에 괴팍스럽다는 말을 듣기도 하지만 남에게 피해를 끼치지 않으려고 최대한 노력한다. 그래서 그들은 불필요한 적을 만들지 않으려고 노력한다.

인간관계에서는 열 명의 친구를 사귀는 것보다 한 명의 적을 두지 않는 것이 상책이다. 한 명의 적이 100명의 적을 만들 수도 있기 때문이다. 또한 적을 만들어 싸우게 되면 이기든 지든 어떤 식으로든 자신과 상대방 모두 손상을 입게 된다.

자칫 싸움을 오래 끌면 시간을 낭비하고 할 일을 제대로 못하게 된다. 만일 적이 생겼다면 언제든지 당신의 가슴에 비수를 던져 파멸로 이끌 수 있음을 명심해야 한다. 모든 사람을 내 편으로 만들 수는 없더라도 최소한 적을 만들지 않겠다는 태도가 중요하다.

적을 만들지 않으려면 내 말이나 행동에 실수가 없어야 한다. 쓸데없이 다른 사람을 비난하거나 상대방의 자존심에 상처를 주어서는 안 된다. 그리고 근거 없거나 터무니없는 비판을 하지 않아야 한다. 사회생활을 하다 보면 어쩔 수 없이 다른 사람을 비판해야 할 경우가 생긴다. 그럴 때는 먼저 상대방의 생각이나 감정, 상대방이 처해 있는 상황을 공감해보는 것이 필요하다. 내가 먼저 상대방의 입장이 되어 마음을 이해하려는 노력을 해야 한다. 비록 내 생각과 철학이 다르다고 해서 함부로 남을 비방하거나 비판해서는 안 된다. 편견을 버리고 다양성을 존중해야 한다. 악연도 인연으로 바꿀 수 있어야 한다.

사람을 함부로 버리는 태도도 좋지 않다. 욱하는 마음에 절교를 선언하거나 관계를 완전히 끊지 말아야 한다. 그 순간 당신의 좋은 평판이 한순간에 무너질 수도 있다. 댐을 파괴하는 것은 작은 구멍에서부터 시작된다는 사실을 인지해야 한다. 모든 사람이 친구가 될 수는 없지만 누구나 적이 될 수 있다는 것을 명심해야 한다.

처칠은 수많은 정적 속에서 영국 수상을 지냈지만, 그의 유머와 재치 덕분에 적을 만들지 않은 정치인으로 유명하다. 처칠이 처음으로 하원의원의 후보가 되었을 때 상대 후보가 그를 맹비난했다.

"처칠은 이번 합동 연설에서도 지각을 했습니다. 처칠은 늦잠꾸러기입니다. 저런 사람을 어떻게 의회로 보낼 수 있습니까?"

처칠이 대답했다.

"당신이 만약 나처럼 아름다운 아내를 데리고 산다면 결코 일찍 일어날 수 없을 것입니다."

합동연설회장이 웃음바다가 되었다.

영국 의회 첫 여성의원인 에스트 부인도 처칠과 매우 적대적인 관계였다. 당시 수상이었던 처칠이 여성의 참정권을 반대했기 때문이다. 어느 날 처칠과의 언쟁으로 격분한 에스터 부인이 이렇게 말했다.

"내가 만약 당신의 아내라면 커피에 독을 타겠습니다."

다른 정치인이라면 자신을 독살하겠다는 독설에 화를 냈겠지만 처칠은 결코 화를 내지 않았다. 웃으면서 이렇게 대답했을 뿐이다.

"내가 만약 당신 남편이라면 서슴지 않고 독이 든 커피를 마시겠소."

에스터 부인과 의원들은 처칠의 이 '신의 한 수'에 그저 웃을 수밖에 없었다. 그 밖에 처칠이 정적들과 격렬하게 싸우면서 내뱉은 유머들은 아직도 인구에 회자된다. 처칠은 알고 있었던 것이다. 정적이라 할지라도 유머와 재치로 내 편으로 만들 수 있다는 사실을.

당신이 심하게 몰아붙여 관계를 끊은 사람들은 원한에 사무친 원수가 되고 자신들의 잘못도 당신의 잘못으로 돌릴 것이다. 사람은 본래 자기중심에서 판단하고 생각하기 때문에 자신에게 유리한 것만 기억하고 말한다. 특히 말조심을 해야 한다. 아무리 화가 나더라도 말을 가려서 해야 한다.

시인 롱펠로우는 이런 말을 했다.

"함부로 내뱉은 말은 상대방 가슴속에 수십 년 동안 화살처럼 박혀 있다."

세상 사람들을 적이 아닌 내 편으로 만들 줄 알아야 한다. 그래야 내가 하는 일에 도움을 받을 수 있다. 만약 내 편으로 만들지 못하더라도 최소한 적으로 만들지는 말아야 한다. 친구 열 명을 만들기보다는 한 명의 적을 만들지 않는 지혜가 필요하다.

29

인생은 속도가 아니라 방향이다

37세의 나이로 메이저리그에 진출한 야구선수 임창용

"지금이 아니면 메이저리그에 못 갈 것 같다는 생각이 들었다. 지금 특급으로 잘할 수 있다는 생각을 하지는 않는다. 나이도 있는 만큼 미국 무대를 경험하고 잘 적응하고 싶다."

임창용은 2012년 3월, 꿈의 무대인 메이저리그 시카고 컵스에 입단했다. 한국과 일본 야구계는 이 소식을 듣고 깜짝 놀랐다. 이유는 두 가지였다. 임창용의 나이가 어느덧 서른일곱 살이라는 것과 일본에서 받던 연봉의 10의 1의 조건을 군말 없이 수락한 것이었다.

"나를 일본으로 보내주지 않으면 임의탈퇴도 불사하겠다."

2007년 삼성 라이온즈 선수였던 임창용은 구단을 향해 선전 포고를 했다. 그의 꿈은 좀 더 넓은 무대에서 야구를 하는 것이었다. 그만한 실력도 갖추었고, 한국 프로야구에서 이미 검증도 받았다.

"연봉에 연연하지 않겠다. 나를 필요로 하는 구단이라면 어디든지 좋다."

임창용은 구단과 기나긴 투쟁을 벌였다. 일개 선수가 대기업 구단을 상대로 투쟁하는 것은 대단한 용기와 배짱이 없으면 어려운 일이다. 하지만 그에게는 이루고 싶은 꿈과 강렬한 의지가 있었다. 그에게는 돈이 중요한 것이 아니라 어린 시절부터 꿈꾸어오던 넓은 무대로의 진출이 더 중요했다.

"우리가 졌네. 자네처럼 아까운 선수를 잡지 못한 우리의 무능력이 안타깝네."

"무능력 때문이 아닙니다. 제가 이 구단을 싫어해서도 아니고요. 제게는 저와 약속했던 신념과 꿈이 있습니다. 일본에 가서 누가 되지 않도록 열심히 하겠습니다."

결국 임창용은 야구르트 스왈즈스에 입단했다. 국내에서는 특급 대우를 빋은 그였지만 일본에서 그의 연봉은 외국인으로서는 최저 연봉이었다. 하지만 임창용에게 중요한 것은 큰 무대였지 최고 연봉이 아니었다.

'열심히 하면 돼. 나를 믿고 나아가자.'

임창용은 혼신을 다해 경기에 임했다. 그 결과 불과 몇 년 만에 연봉 54억을 받는 최고액 연봉자가 되었다. 하지만 그는 여기서 멈추지 않고 다시 메이저리그에 도전했다. 물론 이번에도 연봉은 중요하지 않았다. 그에게는 이루고 싶은 꿈이 있었고, 그걸 위해서는 자신의 실력을 보여주고 당당하게 대우를 받는 것이 옳다고 생각했다.

한국과 일본에서 모두 최고의 자리를 경험한 베테랑이지만 임창용은 또다시 도전을 택했다. 최고에 자리에서 내려온 경험도, 다시 이겨내고 올라간 경험도 모두 가지고 있는 임창용은 등번호를 0번으로 선택했다. 0에서부터 다시 출발하겠다는 강한 의지가 표현된 번호였다. 그는 한 인터뷰에서 이렇게 말했다.

"제가 살아보니까 인생에서 속도는 큰 상관이 없는 것 같아요. 언제가 됐든 이루고 싶은 건 이룰 수 있더라고요. 그러려면 인생의 방향을 잘 잡아야 할 것 같아요. 방향만 올바르고 그 길로만 꾸준히 나간다면 느려도 언젠가 원하는 장소까지 올 수 있는 것 같아요. 저를 보세요. 전 지금 미국에 와 있잖아요."

인생은 속도가 아니라 방향이다. 빨리 가는 것이 중요한 게 아니라 올바르게 가는 것이 중요하다. 자신이 하고 싶은 일을 하는 것만큼 인생에 큰 축복은 없다. 가끔은 자신이 가고 있는 방향이 맞는지 점검해야 할 이유가 여기에 있다.

Dream Tip

인생은 속도가 아니라 방향이다. 빨리 가는 것이 중요한 게 아니라 올바르게 가는 것이 중요하다. 가끔은 자신이 가고 있는 방향이 맞는시 점검해볼 필요가 있다. 자신이 하고 싶은 일을 하는 것만큼 인생에 큰 축복은 없다.

당신의 꿈을 빼앗기지 마라
무명의 보험중개인에서 베스트셀러 작가가 된 톰 클랜시

"꿈만큼 현실적인 것은 없다. 세계는 변하지만 꿈은 결코 변하지 않는다. 무슨 일이 일어나더라도 꿈을 잃지 않기로 결심한다면 아무도 당신의 꿈을 빼앗지 못할 것이다."

미국 작가 톰 클랜시의 말이다. 영화 〈붉은 10월〉, 〈패트리어트 게임〉, 〈긴급명령〉, 〈썸 오브 올 피어스〉 등의 원작 소설가이자 세계적인 베스트셀러 작가인 그는 우편집배원과 백화점 점원이었던 부모 사이에서 태어났다.

"또 탱크를 샀니? 너는 커서 군인이 되겠구나."

어렸을 때부터 탱크나 비행기, 잠수함 같은 군사 무기에 관심이 많았던 그의 꿈은 군인이 되는 것이었다. 하지만 지독한 근시 때문에 ROTC 장교 시험에서 탈락했다. 결국 그가 선택한 직업은 보험중개인이었다.

'무슨 일이 있어도 내 꿈을 빼앗기지 않을 테야.'

톰 클랜시는 일을 하면서도 틈틈이 군사 지식을 쌓아갔다. 그런데 어느 날 신문에서 스웨덴으로 망명을 시도한 소련의 잠수함에 대한 기사를 읽게 되었다.

"바로 이거야!"

톰 클랜시는 여기에서 아이디어를 얻어 데뷔작인 《붉은 10월》을 발표했다. 반응은 폭발적이었다. 그동안 톰 클랜시가 쌓아놓은 방대한 군사 지식은 소설에 고스란히 녹아 흘렀다. 전문적인 군사 정보와 탄탄한 이야기 구성은 독자들에게 많은 사랑을 받았다. 결국 이 책은 400만 부가 넘게 팔렸으며 31주 동안 베스트 목록에 오르는 기염을 토했다.

"이런 방대한 군사 자료를 어떻게 수집했을까?"

"잭 라이언의 다음 활약이 궁금해."

"톰 클랜시가 혹시 CIA 비밀요원이 아닐까?"

그만큼 톰 클랜시의 소설은 독자들의 호기심을 자극했다. 영화를 보는 듯한 생생한 묘사와 주인공 잭 라이언이 펼치는 액션과 스릴은 세계 최강 미국의 자존심을 한껏 고무시켜주었다.

그 후부터 그의 책은 초판 200만 부를 찍게 되었으며, 현재는 한 작품의 계약금이 6천만 달러(한화 약 720억)에 달한다. 그의 소설들은 해박한 군사적 지식을 담고 있어 많은 책이 미군 내 군사 학교에서 필독서로 지정될 정도이다.

톰 클랜시의 집은 골프장 18홀 중간에 위치하고 있으며 정원에는 실물 탱크가 전시되어 있다. 또한 30명의 전문 작가들이 그의 작업을 돕고 있으며 지하실에는 실탄 사격장도 갖추어져 있다. CIA와 FBI에서 수시로 강의를 하고 있으며, 펜타곤을 출입증 없이 드나드는 사람 중 한 명이다.

무명의 보험중개인에서 세계적인 베스트셀러 작가가 된 톰 클랜시는 자신의 꿈을 포기하지 않았고, 무엇보다 자신의 꿈을 빼앗기지 않으려고 노력했다.

리처드 볼즈는 이렇게 말했다.

"현실적으로 생각해야지. 이 말은 세상에서 가장 슬픈 말이다. 현재 우리가 누리고 있는 최고의 것들은 결코 현실적인 사람들에 의해 만들어지지 않았다. 자신의 꿈을 믿고 그 꿈에 날개를 달아 비상한 용기 있는 사람들에 의해 만들어진 것이다."

당신의 꿈을 빼앗기지 마라. 당신의 허락 없이는 아무도 당신

의 꿈을 훔쳐갈 수 없다. 꿈을 지켜라. 꿈이 죽으면 삶은 날개 없
는 새가 되어 날 수가 없다.

31

젊은 시절 꿈꾸었던 것에 충실하라

강한 의지와 신념으로 청춘을 잃지 않았던 스티브 잡스

젊은 시절, 당신은 어떤 꿈을 꾸었는가?

낙엽 굴러가는 것만 봐도 눈물이 나는 10대 후반과 돌도 씹어 먹는다는 20대 초반. 당신에게는 당신만의 원대한 꿈이 있었을 것이다. 무슨 일이든 해낼 것 같았던 시기, 사람들은 당신을 보며 선한 기운과 강한 에너지를 받았을 것이다. 하지만 젊은 시절 꿈꾸었던 것은 나이가 들면서 점점 없어지기 마련이다. 세상 일이 그리 호락호락하지 않고 내 마음대로 세상이 돌아가지 않기 때문이다.

나이가 들어서도 젊음을 유지하고 있다는 것은 큰 축복이다.

당신의 젊은 시절 꿈꾸었던 것을 생각해라. 지금은 비록 작아지고 남루해졌지만 당신의 미래를 빛나게 하는 꿈을 버리지 말자. 사람은 꿈을 잃어버리는 바로 그 순간 살아가는 기쁨과 목표를 잃고 만다.

살아 있을 때는 전설이 있었고 죽어서는 신화가 된 스티브 잡스는 자신의 신념을 꿋꿋이 밀고 나가 세 번이나 세상을 바꾸어 놓았다. 스물한 살에 애플 컴퓨터를 창립해 성공가도를 달렸으며, 1984년에는 매킨토시를 세상에 내놓았다. 하지만 이듬해 자신이 직접 스카우트한 경영자에게 해고당하는 비운을 겪었다. 인생의 모든 것을 걸었던 자신의 회사에서 쫓겨난 것이다.

애플을 나온 스티브 잡스는 넥스트를 설립하고 픽사를 인수해 독창적인 기술로 높은 평가를 받았다. 하지만 상업적으로는 큰 성공을 거두지 못했고 세상의 관심에서 멀어지는 듯했다.

스티브 잡스는 좌절하지 않았으며 젊은 시절 꿈꾸었던 것을 포기하지 않았다. 비록 나이는 점점 들어갔지만 마음만큼은 언제나 청춘이었다. 그에게는 강한 의지와 신념이 있었고 자기확신이 있었다.

몇 년 후 스티브 잡스는 세계에서 가장 성공한 애니메이션으로 꼽히는 〈토이 스토리〉를 만들어냈다. 결과는 누구도 예상치 못한 대성공이었다. 조지 루카스로부터 1000만 달러에 픽사를 인수한 잡스가 디즈니에 74억 달러를 받고 팔았으니 엄청난 이윤을 남긴 것이었다. 그리고 그 후 더욱 극적인 사건이 일어난다. 기술 개발에 차질을 빚던 당시 애플의 경영자가 그를 찾아온 것이다.

"스티브, 지금 애플은 위기에 처해 있소. 우리는 넥스트를 인수하고 싶소. 물론 최고경영자는 당신이오."

스티브 잡스는 다시 애플의 최고경영자가 되었다. 복귀 후 잡스는 10억 달러의 적자를 기록했던 애플을 한 해 만에 4억 달러의 흑자로 전환하는 신화를 만들어냈다. 그리고 디자인과 IT 계열에서 일하는 사람이라면 누구나 가지고 싶어했던 아이맥과 아이팟, 아이튠즈 스토아, 아이폰 같은 히트작을 연달아 만들며 세상을 바꿔왔다.

스티브 잡스가 우여곡절을 겪으면서 세상을 바꿀 수 있었던 것은 젊은 시절 꿈꾸었던 자신의 생각을 한 번도 버리지 않았기 때문이다. 그건 자신과 같은 사람들이 바로 세상을 바꿀 수 있다는 믿음과 용기 때문이었다. 애플의 〈Think Different〉라는 광고 문구에는 스티브 잡스의 이런 생각이 잘 드러나 있다.

사회부적응자, 반항아, 말썽쟁이,

네모난 구멍 속에 쑤셔넣은 둥근 못 같은 사람들

세상을 다르게 보는 사람들

그들은 규칙을 좋아하지 않는다.

그리고 그들은 현재를 존중하지 않는다.

당신은 그들의 말을 인용하거나

당신은 그들의 말에 동의하지 않을 수도 있다.

당신은 그들을 찬양하거나 비난할 수 있다.

모든 것이 당신의 자유지만

단 한 가지 당신은 그들을 무시할 수가 없다.

왜냐하면 그들은 세상을 변화시켰기 때문이다.

그들은 인류를 앞으로 이끌어 나간다.

어떤 사람들은 그들을 미치광이로 보겠지만

우리들은 그들이 천재라고 생각한다.

왜냐하면 세상을 변화시킬 수 있다고

생각할 정도로 미친 사람들이야말로

세상을 바꾸기 때문이다.

젊은 시절 당신이 꿈꾸었던 것을 다시 상기해보라. 그리고 그

꿈에 충실하라. 젊은 시절의 꿈이 단지 꿈으로만 기억되지 않도
록 스스로 증명해 보여라. 현재는 어쩌면 당신이 젊은 시절 꿈꾸
었던 것의 미래일지도 모른다.

당신의 젊은 시절 꿈꾸었던 것을 생각해라. 지금은 비록 작아지고 남루해졌지만 당
신의 미래를 빛나게 하는 꿈을 버리지 말자. 사람은 꿈을 잃어버리는 바로 그 순간 살
아가는 기쁨과 목표를 잃고 만다.

32

꿈은 실패와 인내를 먹고 산다

좌절을 극복하고 미국 최초의 흑인 대통령이 된 버락 오바마

'최초의 흑인 대통령'이라는 타이틀을 넘어 '재선에 성공한 최초의 흑인 대통령'이라는 역사를 쓴 버락 오바마 대통령. 2009년 노벨평화상을 수상한 그에게도 수많은 실패와 좌절이 있었다.

케냐 출신의 흑인 아버지와 미국 출신의 백인 어머니에서 태어난 그는 인종문제와 부모의 이혼과 재혼을 겪으면서 정체성의 갈등과 방황 속에서 학창시절을 보냈다. 마약에 손을 댔으며 알코올 중독에 빠지기도 했다. 하지만 "쓸모없는 인간으로 평생을 살 수 없다"고 다짐한 이후부터는 누구보다 열심히 인생을 개척했다.

그 결과 인권 변호사로 활약했으며 다섯 번째 흑인 상원의원
을 거쳐, 미국 최초의 흑인 대통령이자 재선에 성공한 최초의 흑
인 대통령이라는 명예로운 영광을 안았다. 그는 한 연설에서 이
렇게 말했다.

세상에 이렇다 할 업적을 남기기란 어렵습니다.
인내가 필요하고 헌신이 필요합니다.
그리고 많은 실패를 거쳐야 합니다.
문제는 이 실패를 피할 수 있느냐 없느냐가 아닙니다.
누구도 실패를 피할 수는 없기 때문입니다.
진짜 시험은 실패가 자신을 강하게 만드느냐
아니면 모욕감을 줘서 무능하게 하느냐입니다.
다시 말해 실패에서 배우고
참고 견뎌내기로 결정하느냐입니다.

누구나 실수를 하고 실패를 한다. 문제는 그것을 어떻게 받아
들이느냐에 달려 있다. "한 번도 실수한 적이 없는 사람은 한 번
도 새로운 것에 도전해본 적이 없는 사람이다"라는 아인슈타인
의 말이 아니더라도 실수와 실패는 꿈을 이루기 위한 흔하디흔

한 과정이라는 것을 인지해야 한다. 단언컨대 꿈을 이룬 사람 중에 단 한 번의 실수와 실패를 하지 않은 사람은 없다.

33

상상하는 훈련으로 꿈에 다가가라

상상훈련으로 골프 황제가 된 잭 니클라우스

"좋든 싫든, 인생 역시 골프와 마찬가지로 배움의 과정이다. 마음을 활짝 열고, 절대 배움을 멈추지 말아야 한다. 배움을 멈춰버리고 나면 스스로에게 떳떳하지 못한 삶을 살 수도 있다."

전설적인 골퍼 잭 니클라우스는 PGA 통산 73승을 거두었다. 세계 4대 메이저 대회에서 총 18승을 기록해 '골프의 제왕'이라는 칭호를 받았으며, 2005년 미국 정부가 주는 '자유의 메달'을 수상하기도 했다. 뿐만 아니라 그가 설계했거나 그의 이름을 딴 세계 각국의 골프장들은 골프 마니아 사이에서는 보증 수표로 통할 정도로 인기가 많다.

잭 니클라우스는 목표를 세우고 그것을 성취하는데 탁월한 선수로 널리 정평이 나 있다. 스포츠 심리학자들은 잭 니클라우스가 쉽게 동요되지 않은 성격의 소유자이자 정신적으로 잘 무장된 골퍼라고 했다. 여타의 스포츠보다 멘탈이 중요시 되는 골프에서 자신의 심리 상태를 가장 잘 조절하고 활용한 선수라는 것이다.

잭 니클라우스에게는 선수 생활 내내 변하지 않은 습관이 하나 있었다. 그건 훈련이나 시합을 하기 전 언제나 상상하는 훈련을 했다는 것이다.

"나는 연습할 때도 매우 정확하고 집중된 상태로 상상을 하기 전에는 절대로 공을 치지 않는다. 그것은 마치 생생한 영화와도 같다. 먼저 공이 도착할 곳을 바라본다. 그다음에는 공이 포물선을 그리며 날아가는 모습, 땅에 떨어지는 모습을 상상한다. 할리우드 영화 못지않은 그 상상이 끝나고 나서야 나는 공으로 다가간다."

잭 니클라우스는 자신이 원하는 방향으로 공을 보내는 능력이 뛰어났다. 마음속으로 자신의 행동 하나하나를 상상하며 훈련을 했기에 가능한 일이었다. 그래서 한때는 슬로 플레이어라는 비난을 받기도 했다. 그의 샷 절차가 다른 선수들에 비해 많은 시간이 걸렸기 때문이다. 잭 니클라우스는 항상 상대와 겨뤄 이기는 장면을 머릿속에 미리 그렸을 뿐만 아니라 실수도 상상하는 훈련을 했다.

"나는 골프를 치기 전에 먼저 내 자신에게 6번 정도는 잘못된 퍼팅을 할 수 있다고 말해준다. 그리고 나면 설사 잘못 쳤더라도 낙담하지 않게 된다. 아무리 좋은 상황에서도 사람은 실수할 수 있다. 하지만 이렇게 마음을 편하게 가지면 부담이 훨씬 줄어 실수도 덜하게 된다."

또 다른 골프 영웅인 타이즈 우즈도 비슷한 습관이 있었다. 그는 신인 시절 잭 니클라우스가 우승 후 기자회견을 하는 비디오를 반복해서 봤다. 자신이 마치 우승한 것처럼 상상하며 우승 소감을 발표하는 연습도 했다.

뿐만 아니라 자신이 출전해서 우승한 경기의 비디오를 반복해서 보며 성공한 샷을 머릿속에 그렸다. 그리고 다음 경기가 있을 때마다 그 샷을 머릿속으로 그리며 게임에 임했다. 좋은 샷만 기억해두었다가 똑같은 상황이 재연되었을 때 그 이미지를 재생해 큰 효과를 보기도 했다. 사생활 문제로 언론의 집중 포화를 맞으며 조금은 주춤하고 있지만 타이거 우즈는 그 습관을 지금도 철석같이 지키고 있다.

LA올림픽에 참가했던 캐나다 대표선수의 99퍼센트가 상상훈련을 활용했다는 사실은 우수한 선수일수록 이런 상상훈련의 활용도와 효과가 높다는 사실을 반증한다. 선수들은 이런 상상훈련을 통해 자신감 저하, 실수에 대한 대처 기술, 집중력 저하, 문제 해결 등의 다양한 문제를 해결할 수 있다.

꿈을 이루기 위해서는 잭 니클라우스처럼 상상하는 훈련을 키워야 한다. 이미 꿈을 이룬 나를 상상하면서 그것을 위해 필요한 것과 해야 할 일들을 반복해서 상상해보는 것이다. 무엇보다 상상하는 것을 글로 남겨야 한다. 상상이 상상으로 끝나지 않기 위해서는 글로 적어 시각화해야 한다. 글은 새로운 상상력을 만드는 원동력이다.

집 안이나 사무실 벽에 붙은 자신의 꿈을 보다 보면 그 꿈을 이루기 위한 좋은 방법이나 또 다른 꿈이 생긴다. 더불어 글로 적은 꿈을 표현하고 그려보라. 꼭 그림이 아니어도 좋다. 유사한 사진을 걸어놓아도 무방하다. 표현할 수 없이 추상적인 꿈은 꿈으로 머물기 쉽지만, 그림이나 사진처럼 구체적인 꿈은 현실이 될 확률이 높아진다.

꿈을 시각화, 이미지화하는 훈련은 당신의 꿈을 실현하기 위해 꼭 필요한 과정이다. 당신의 꿈을 이미지화시키고, 그 이미지가 선명하면 할수록 그 꿈에 가까워진다.

잭 니클라우스는 자신의 성공을 이렇게 말했다.

"내 골프 인생이 성공한 가장 큰 이유는 멋진 스윙을 이미지화한 덕분이다."

Dream Tip

꿈을 이루기 위해서는 잭 니클라우스처럼 상상하는 훈련을 키워야 한다. 꿈을 시각화, 이미지화하는 훈련은 당신의 꿈을 실현하기 위해 꼭 필요한 과정이다. 당신의 꿈을 이미지화시키고, 그 이미지가 선명하면 할수록 그 꿈에 가까워진다.

34

인생은 한 권의 책과 같다
41세에 등단해 1000여 편의 글을 남긴 마쓰모토 세이초

"인생은 한 권의 책과 같다. 어리석은 이는 그것을 마구 넘겨 버리지만 현명한 인간은 열심히 읽는다. 단 한 번밖에 인생을 읽지 못한다는 것을 알고 있기 때문이다."

독일의 소설가인 장 파울의 말이다. 살아가다 보면 옆을 돌아보지 않고 오직 앞만 보고 달릴 때가 있다. 심지어는 뒤도 돌아보지 않고 달려나간다. '빨리 빨리' 문화가 강한 한국에서는 뭐든지 초스피드로 끝을 맺으려고 한다. 하지만 가끔씩은 가던 길을 잠시 멈춰 서서 주위를 살펴볼 필요가 있다. 성취와 속도에 매몰되어 목표와 방향을 벗어나지 않았는지를 점검해봐야 한다. 한 번

왔던 길을 되돌아갈 수 없는 것이 인생사이기 때문이다.

인생이라는 책 속에는 많은 것이 숨겨져 있다. 희망을 들려주기도 하고, 좌절과 절망을 들려주기도 한다. 때로는 일과 가정의 소중함을 들려주기도 하고, 자연의 아름다움과 삶의 기쁨을 노래하기도 한다. 일생을 바꾸어놓을 만한 문장을 발견하기도 하고 인생의 좌표로 삼을 만한 여러 사람의 지혜와 교훈도 담겨져 있다.

기타큐슈의 작은 마을에서 태어난 마쓰모토 세이초는 소학교만 마치고 일을 해야 했다. 가난하고 궁핍한 가정환경 속에서 그가 벗 삼은 것은 책읽기였다. 그는 학력 차별을 극복하고 신문사의 사원이 되었다. 그리고 마흔한 살이라는 늦은 나이에 작가로 입문했다. 그의 노력은 헛되지 않아 아쿠타가와 상이라는 일본 최고의 문학상을 수상했다. 이때부터 그는 전업 작가로 들어섰는데 그때 나이 마흔일곱 살이었다.

"공부하면 쓰고, 쓰면서 공부한다."

그 후부터 일 년에 30편이 넘는 작품을 발표하여 왕성한 활동을 펼쳤다. 마쓰모토 세이초는 작가 생활 40년 동안 100여 편의 장편소설과 350여 편의 중단편 소설, 에세이를 비롯해 거의 1000여 편의 글을 썼다. 단행본으로 따지면 700여 권에 이르는 방대한 분량이다. 그의 작품들은 일본인들에게 많은 사랑을 받았다. 일 년에 2~4편씩 꼭 드라마로 만들어지는 것으로 유명한데 2012년까지 영화로 만들어진 작품이 36편, TV 드라마로 나온 것이 459여 편에 달한다.

'인생은 이생이 아니라 일생'이라는 말이 있다. 주어진 하루하루를 어떻게 보내느냐에 따라 인생이 달라진다. 인생이라는 페이지를 마구 넘기지 마라. 행간 속에 숨어 있는 인생의 깊이와 혜안에 눈을 모아야 한다. 인생이라는 책의 저자는 바로 당신임을 잊지 마라. 당신이 어떤 인생을 기록하느냐에 따라 당신의 미래가 결정된다.

인생이라는 책 속에는 많은 것이 숨겨져 있다. 희망을 들려주기도 하고, 좌절과 절망을 들려주기도 한다. 일생을 바꾸어놓을 만한 문장을 발견하기도 하고 인생의 좌표로 삼을 만한 여러 사람의 지혜와 교훈도 담겨져 있다.

35

꿈의 크기가 인생의 크기이다
평범한 재일교포 2세에서 일본 최고의 부자가 된 손정의

꿈은 열정에 불을 붙이고 이루고자 하는 것에 전략을 다해 매진할 수 있는 힘을 갖게 해준다. 꿈을 언제까지 이루고자 하는 기한을 설정하는 그 순간 목표로 바뀌게 된다. 성취하고자 하는 꿈을 이루지 않고서는 살 수 없다는 각오로 집중해야 한다. 그 꿈이 열정으로 승화하여 이루고야 말겠다는 심정으로 변화하게 될 때 그것을 이루기 위해서 무엇이든 할 수 있게 된다.

100미터 달리기 선수들은 100미터만 연습하지 않는다. 100미터는 전 구간에서 전략을 다해 힘을 쏟아야 한다. 그러기 위해서는 100미터 이상을 달릴 수 있는 체력을 키워야 한다. 200미터

나 400미터와 연습을 병행하는 것도 이런 이유이다. 비록 당신이 100미터 선수일지라도 200미터와 400미터를 동시에 연습해야 한다.

꿈은 가능한 한 크게 가져야 한다. 남들이 보기에 허황되고 비현실적이라도 작은 꿈을 가슴에 품지 마라. 큰 꿈도 세파에 시달리다 보면 작아지고 작아진 꿈은 어느새 당신의 손에서 스르르 빠져나가게 된다.

손정의가 일본으로 와 일본소프트뱅크를 설립할 때의 유명한 일화가 있다. 그는 어느 날 조그만 지하실에서 아르바이트생 두 명을 앞에 두고 나무 사과상자 위에 올라갔다.

"우리는 일본을 넘어 세계 최고의 IT기업이 될 것이다. 우리의 목표는 작은 중소기업이 아니라 일본을 대표하고 세계에 이름을 날리는 최고 기업이다."

일종의 회사 창립 기념사였다. 기념사가 끝나자마자 박수 대신 고함이 쏟아졌다.

"미친 놈!"

"세상물정 모르는 하룻강아지 같은 놈!"

두 명의 아르바이트생은 뒤도 돌아보지 않고 지하실을 나갔다.

"내 꿈이 허황되지 않았다는 것을 증명해 보이겠다."

이후 손정의는 자신의 꿈을 향해 차근차근 회사를 키워나갔다. 그리고 달콤한 열매와 성공을 손에 쥐었다. 2011년 〈포브스〉 선정 일본 1위의 자산가로 선정되었으며, 일본을 덮친 쓰나미 성금으로 1400억 원을 기부해 화제가 되기도 했다. 2012년 4월 현재 그의 트위터 팔로워는 140만 명 남짓이다. 손정의가 미쳤다고 생각하고 도망쳐버린 그 아르바이트생은 지금쯤 무슨 생각을 하고 있을까?

큰 꿈을 이루는 데는 하나의 법칙이 있다. 그건 높은 산을 오르는 등산의 법칙과 유사하다. 낮은 산부터 시작해 차근차근 오른 다음 높은 산을 올라야 한다. 여기에는 철저한 준비와 부단한 노력이 있어야 한다. 처음부터 높은 산을 오르려면 힘도 부치고 끈기도 부족해진다. 목표의식이 흐릿해져 실패할 확률이 높다. 누구보다 큰 꿈을 소유한 사람은 하나하나 단계별로 큰 산을 정복해야 한다. 이게 큰 산을 정복하는 법칙이다.

여기서 꼭 잊지 말아야 할 것이 있다. 꿈은 되도록 크게 가지되 충분한 노력과 열정을 쏟아야 한다는 것이다. 봉몽의생(鵬夢蟻生)의 뜻을 마음에 새겨야 한다. 꿈은 봉새처럼 크게 가지고 생활은 개미처럼 부지런해야 한다.

손정의는 한 강연에서 이렇게 말했다.

“한 번뿐인 인생을 위해 정열과 꿈을 가져라. 자신만의 큰 영웅을 만들고 도전할 산을 정해라. 그 뒤엔 고민하지 말고 도전하라. 이 산과 저 산 사이를 저울질하는 건 그냥 배회하는 것일 뿐이다. 꿈을 크게 가져라. 인생은 딱 한 번뿐이다.”

꿈은 크게 가져라.
그리고 세계지도보다 더 큰 꿈을 펼쳐라.

Dream Tip

큰 꿈을 이루는 데는 하나의 법칙이 있다. 그건 높은 산을 오르는 등산의 법칙과 유사하다. 낮은 산부터 시작해 차근차근 오른 다음 높은 산을 올라야 한다. 여기에는 철저한 준비와 부단한 노력이 있어야 한다.

36

실패와 좌절은 꿈의 보약이다
실패와 좌절을 극복하고 꿈을 이룬 링컨과 에디슨

"사람은 행복하기로 마음먹은 만큼 행복하다"

실패와 좌절의 대명사인 미국의 16대 대통령 링컨. 링컨을 연구하는 사람들은 링컨이 공식적인 실패만 27번 했다고 한다. 선거에만 나오면 낙선을 하는 것으로 유명했던 링컨은 많은 실패와 좌절을 겪었다.

링컨만큼 실패와 고난을 수없이 겪은 위인도 드물다. 집이 가난해서 7세 때 산골로 이사하느라 초등학교를 1년밖에 못 다녔고, 9세 때 어머니가 세상을 떠나 남의 집 점원으로 일을 했다. 뱃사공을 한 적도 있다. 19세 때는 가장 사랑하는 누나를 잃었다.

22세 때 돈 한 푼 모으지 못하고 직장에서 해고당했으며, 23세 때 빚을 얻어 친구와 작은 가게 하나를 얻어 동업을 했는데 그마저도 26세 때 친구가 죽어 큰 빚을 혼자 떠맡아 30세가 될 때까지 그 빚을 다 갚아야 했다. 4년 동안 좋아하며 따라다니던 처녀가 28세 때 자기를 버리고 다른 남자한테 시집을 가버렸고, 30세 때 겨우 한 처녀와 만나 약혼을 했지만 갑자기 그 약혼자가 죽어버렸다. 33세 때 키가 자기 허리쯤에 차고 욕을 잘하고 열등감이 많은 여자와 결혼을 했는데 날마다 싸웠다.

지방 하원의원에 3번이나 출마하여 3번 다 낙선했다. 41세 때 네 살난 아들이 죽었고, 43세 때 또 한 살난 아들이 죽었다. 그동안 모은 돈으로 45세에 상원의원으로 출마했는데 낙선하고 부통령으로 출마해서 낙선했으며 51세에 또 상원의원으로 출마했는데 또 낙선했다. 그러나 그는 절망하지 않으며,결코 환경에 굴복하거나 포기하지 않았다. 그리하여 53세에 대통령으로 당선되었다.

링컨은 실패할 때마다 꿈을 더 높게 가졌다. 좌절할 때마다 더 높은 꿈을 갖고 목표에 도전했다. 어느 선거에 져서는 이렇게 말하기도 했다.

"선거에서 낙선했다는 소식을 듣자마자 단골 레스토랑으로 달려갔다. 맛있는 요리를 주문해 실컷 먹은 후 이발소로 가서 머리를 말끔하게 다듬고 기름도 듬뿍 발랐다. 이제 아무도 나를 실패한 사람으로 보지 않을 것이다. 왜냐하면 난 지금 막 다시 시작한 참이니까."

에디슨만큼 수많은 실패와 좌절을 겪은 인물도 없을 것이다. 세계에서 가장 많은 발명품을 남긴 실패와 좌절의 아이콘이다. 평생 동안 평균 2주에 하나씩 발명품 특허를 낸 그는 항상 두툼한 수첩을 지니고 다녔다. 영감이 떠오를 때마다 메모를 하기 위해서였다. 에디슨은 함께 식사를 하거나 담소를 나누는 도중에도 불현듯 떠오른 아이디어를 수첩에 적어두었다가 발명으로 연결시킨 적이 많았다. 그가 세상을 떠날 때까지 그렇게 채운 수첩은 3400개나 된다.

에디슨은 수많은 실험과 연구를 거듭했다. 무엇보다 실패와 실수를 두려워하지 않았다. 숱한 일화가 말해주듯 엉뚱한 면도 많았지만 낙천가였으며 늘 유머를 잃지 않았다. 인류에게 큰 공헌을 한 백열전구를 2000번의 실험 끝에 발명했을 때도 "2000번의 실패라니요? 저는 단지 2000번의 과정을 거쳐 전구를 발명했을 뿐입니다"라고 말해 좌절하지 않는 변모를 보여주었다. 그는 이렇게 말했다.

"용기를 내십시오! 나는 사업하면서 많은 어려움과 좌절을 맛보았습니다. 뭔가 더 나은 방법이 반드시 있습니다. 그걸 찾으세요. 열심히 일하는 걸 대체할 수 있는 건 세상에 없습니다. 뭔가를 포기했을 때가 사실은 성공의 문턱 바로 앞이었을 때가 많습니다. 실패란 바로 그런 것입니다. 포기하지 마세요. 당신의 조상들이 그러했던 것처럼, 용감해지세요. 굳건한 신념을 갖고 전진하십시오."

실패와 좌절은 꿈을 이루기 위한 과정이자 보약이다. 실패했다는 것은 당신이 무언가에 도전했다는 뜻이기도 하다. 실패와 좌절을 결코 두려워하지 말자. 당신이 두려워해야 할 것은 실패와 좌절이 두려워 꿈을 포기하는 것이다.

37

긍정적인 마인드로 꿈을 완성하라
죽을 때까지 펜을 놓치 않았던 소설가 존 업다이크

"꿈은 이루어진다. 이루어질 가능성이 없다면, 자연이 우리에게 꿈꾸게 하지도 않았을 것이다."

퓰리처상을 두 번이나 수상한 존 업다이크의 말이다. 그의 말처럼 성공은 꿈꾸는 자의 것이고, 긍정적인 마인드와 절대 포기하지 않는 도전정신만 있으면 꿈은 반드시 이루어진다고 믿는다. 이런 긍정적인 마인드와 도전정신이 꿈을 이루는데 중요한 요소로 작용한다.

존 업다이크는 미국 펜실베이니아 주에서 태어나 하버드대 영어학과를 졸업했다. 그는 소설과 시, 비평, 에세이 등 다양한 장

르에 걸쳐 많은 작품을 남겼는데 '토끼 시리즈'를 출간하며 영미권 최고의 작가로 떠올랐다. 이 시리즈는 미국 중산층의 일상에 염증을 느낀 주인공이 일탈하면서 겪는 혼란과 괴로움을 그린 연작 소설이다. 이중《토끼는 부자다》가 전미비평가협회상과 전미도서상, 퓰리처상을 받았다. 그리고 9년 뒤인 1991년 발표한《토끼 잠들다》로 두 번째 퓰리처상을 받으며 미국을 대표하는 작가로 떠올랐다.

놀라운 것은 존 업다이크가 2006년 자신의 22번째 소설《테러리스트》를 발간했다는 것이다. 그때 그의 나이는 75세. 자살폭탄 테러에 나서게 되는 아랍계 미국 소년을 주인공으로 내세운 이 소설은 아랍권의 시각에서 미국에 대한 증오를 불러온 원인을 파헤쳐 세계적인 주목을 받았다. 그리고 그로부터 3년 뒤인 2009년 1월 27일에 숨을 거두었다.

죽을 때까지 펜을 손에서 놓치 않았던 존 업다이크는 자본주의 사회에 대해 통렬한 풍자와 예리한 시각으로 이야기를 적어 나갔지만 언제나 밑바탕에는 인간에 대한 애정과 충고가 깔려 있었다.

똑같은 장미꽃을 보고도 어떤 사람은 "장미에 가시가 있다"고 투덜대지만, 꿈과 희망을 가진 사람은 "가시나무에 장미꽃이 달려 있다"고 말한다. 이는 반이 채워진 물 컵을 바라보는 두 시선과 같다. "물이 반밖에 남아 있지 않다"와 "물이 반이나 남아 있다"고 생각하는 것은 분명 다르기 때문이다. "태풍이 불면 누구는 벽을 쌓고 누구는 풍차를 단다"는 속담도 일맥상통한다. 이런 용기는 긍정적인 마인드를 지닌 사람만이 가능하다. 부정적인 정서를 가진 사람이라면 풍차를 달기는커녕 태풍을 피해 도망칠 것이다. 이렇듯 긍정적인 마인드와 도전정신은 어떠한 환경 속에서도 헤치고 나아갈 수 있도록 하는 원동력이다.

그렇다면 긍정적인 마인드는 어떻게 만드는 것일까? 이런 심리 상태가 계속되려면 지속적으로 의식적인 훈련을 해야 한다. 무의식이 가장 활발하게 정보를 받아들이는 때가 잠들기 5분 전과 잠을 깨고 5분 후라고 한다.

잠들기 전에는 하루 중 가장 좋았던 일을 떠올려보고 잠에서 깨어난 후에는 그날 일어날 일 중에서 자신이 바라는 가장 좋은 장면을 상상해보라. 이런 일을 반복하다 보면 어느새 잠을 자고 잠을 깨는 일이 설렘으로 다가올 것이다. 몇몇은 바람대로 꿈이 이루어지는 경험을 하게 될 것이다.

"나는 날마다 모든 면에서 점점 좋아지고 있다."

프랑스의 심리치료사 에밀 쿠에는 위에서처럼 자기 암시를 통해 환자들의 상태를 호전시키는 것으로 유명하다. 이처럼 잠자리에 들거나 깨어났을 때 자기 최면과 암시를 통해 하루를 정리하고 준비하는 습관을 들여보라. 어느새 당신의 가슴에는 긍정적인 마인드와 도전정신이 꿈틀거리고 있을 것이다.

Dream Tip

38

상상한 모든 것은 마침내 이루어진다

100년 전 인간이 상상한 것은 어떻게 현실화되었는가?

"인간은 하늘을 나는 새를 동경하면서도 정작 스스로가 비상하려는 대담한 의지를 발휘하는 데는 머뭇거린다."

1901년 노벨문학상의 첫 번째 주인공인 쉴리 프뤼돔의 말이다. 하지만 나는 이 말에 동의하지 않는다. 인간에게는 새에게는 없는 특별한 능력이 있기 때문이다. 그건 바로 상상력이다.

상상력이란 기존의 경험으로 얻어진 심상을 새로운 형태로 재구성하는 정신작용이나 이미지 활동이다. 즉 어떤 것을 마음속에 그리는 능력을 말한다. 이런 능력이 있기에 인간은 하늘을 나는 새를 보고 비행기를 만들었고, 우주선을 만들어 우주로 날아갔다. 여기에서 중요한 것은 어떤 새도 인간의 상상력보다 높이 날 수는 없다는 것이다.

현대 과학에서 가장 주목하며 연구하면서도 미개척지로 남아 있는 분야 중 하나가 인간의 뇌다. 인간의 뇌 무게는 1천 400그램 정도이며 약 1천억 개의 신경세포를 가지고 있다. 그리고 하나의 신경세포는 수천 개의 다른 신경세포들과 신호를 주고받는다. 성능이 아무리 우수한 컴퓨터라도 인간의 뇌와는 비견될 수 없는 이유다. 여기에 천문학적인 양의 정보를 저장하기도 하고, 과학과 수학, 예술, 종교에 이르기까지 복잡한 정신활동을 담당한다. 하지만 인간의 뇌는 평생 동안 0~2퍼센트밖에 사용하지 않는다고 한다. 인류 역사상 최고의 천재라고 불리는 아인슈타인이 4퍼센트 정도 사용한 것으로 알려져 있다.

인간의 뇌 연구는 아직 미완으로 남아 있지만 수많은 과학자들이 지금도 그 비밀을 밝히기 위해 노력하고 있다. 인간의 뇌 기능 중에 가장 놀라운 기능 중에 하나가 바로 상상력이다. 아인슈타인은 "지식보다 중요한 것은 상상력이다"라고 말했고, 빌 게이츠는 "마이크로소프트의 유일한 공장 자산은 인간의 상상력이다"라고 말했을 정도이다. 저명한 칼럼니스트인 토머스 프리드먼은 상상력의 중요성을 이렇게 설명한다.

"요즘같이 인터넷으로 거미줄처럼 연결된 세상에서 가장 중요한 경제적 경쟁요소는 더는 국가 간이나 회사 간 경쟁이 아니다. 어떤 개인과 그 사람이 갖는 상상력이 가장 중요한 요소이다. 요즘 아이들은 무엇인가를 상상하면 이전에는 상상할 수 없을 정도로 빠르고 값싸게 실행할 수 있다. 오늘날 모든 것이 일용품화되어가는 세상에서 쉽게 얻을 수 없는 단 한 가지가 바로 상상력이다."

2013년 3월 국내 유명 온라인 커뮤니티 게시판에는 '100년 전에 상상한 2000년'이라는 사진들이 올라와 큰 화제가 되었다. 이 사진들은 100년 전에 프랑스에서 발매된 엽서인데, 당시 100년 후에는 이런 일이 생길 것이라는 내용을 상상해서 그린 것이다. 이를테면 사람이 하늘을 날아다니거나 기차로 건물을 통째로 옮기는 것, 비를 막아 날씨를 맑게 하는 것을 비롯해 전화와 텔레비전은 물론 잠수정까지 그려져 있어 놀라운 상상력을 보여주었다. 이 소식을 접한 네티즌과 언론들은 대부분 현실이 된 게 놀랍다는 반응이었다. 나 또한 이 사진을 보며 인간의 상상력에 소름이 돋았다. 그리고 앞으로 100년 후에는 어떤 일들이 생겨날까 생각해보았다.

가끔 SF영화를 보면 이런 생각을 많이 하게 된다. 앞으로 100

년 후에는 〈아이언 맨〉 같은 슈트가 백화점에서 판매되고, 〈마이너리티 리포트〉처럼 범죄를 미리 예측하고, 자신이 원하는 제품의 광고가 쉴 새 없이 보이기도 할 것이다. 〈해리포터〉처럼 빗자루나 우주선을 타고 공놀이를 하고, 〈스타워즈〉처럼 외계인과 전쟁을 벌일지도 모른다. 그런 생각을 할 때마다 입가에 웃음이 지어진다. 비록 상상일지라도 즐겁고 신나기 때문이다.

인간의 무의식은 무한하고 우리는 그 능력의 일부만을 쓸 뿐이다. 인간의 능력 중 하나가 바로 상상력이다. 잊지 말아야 할 것은 인간이 상상한 모든 것은 끝내 이루어진다는 사실이다.

Dream Tip

어떤 새도 인간의 상상력보다 높이 날 수는 없다. 인간의 무한한 능력 중 하나가 바로 상상력이다. 잊지 말아야 할 것은 인간이 상상한 모든 것은 끝내 이루어진다는 사실이다.

39

베스트 원보다는 온리 원을 지향하라

누구도 대체할 수 없는 온리 원 화가 라파엘로

이탈리아 르네상스 시대의 화가 라파엘로 산치오가 바티칸궁의 천장화를 그리고 있을 때의 일이다. 마침 교황이 그곳을 지나가다 사다리 위에서 위태위태하게 작업을 하고 있는 라파엘로를 보고 수행하던 총리에게 말했다.

"저 사다리를 좀 잡아주게."

총리가 버럭 화를 냈다.

"아니, 교황님. 명색이 재상인 제게 일개 그림쟁이의 사다리나 잡아주라는 분부인가요?"

총리가 볼멘소리를 하자 교황이 말했다.

"저 화가가 떨어져 목이라도 부러지면 어쩐단 말인가? 자네 같은 총리야 대체할 수 있는 사람이 줄을 섰지만 저 화가는 오직 한 사람뿐일세. 어서 붙잡게."

총리가 누군가. 하늘이 내린 절대자인 교황을 제외하곤 인간의 노력으로 오를 수 있는 넘버 원의 자리가 아닌가. 그러나 교황은 그런 총리보다 라파엘로를 더욱 귀중한 존재로 본 것이다. 라파엘로는 교황에게 그 누구로도 대체할 수 없는 온리 원이었던 것이다.

일본 이화학연구소는 응용과학을 뒷받침하는 기초 과학 지원을 잘해주기로 유명하다. 연구원도 6000명이 넘고 한 해 연구비 예산도 1조 원에 이른다. 시간이 오래 걸리는 연구라도 참아주는 분위기가 조성돼 있다. 기초 과학자가 다니기에 안성맞춤인 곳이다. 이 같은 연구 환경이 이화학연구소에서 노벨상 수상자를 세 명이나 배출한 배경이 되었다.

2001년 노벨화학상을 수상한 이화학연구소 이사장인 노요리 료지 박사는 한 인터뷰에서 다음과 같이 말했다.

"연구 분야에서는 베스트 원이 될 수 있고 온리 원이 될 수도 있습니다. 되도록 온리 원을 택하십시오. 기초 과학자는 다른 사람과 차별되는 자신만의 영역을 구축해야 유리하기 때문입니다.

온리 원 인재는 이화학연구소가 원하는 인재상이기도 합니다.”

노요리 료지 박사도 분자의 표면 연구라는 고유 영역을 개척했다. 특히 분자 하나를 다룰 수 있는 기술로 높은 평가를 받았다. 그의 기초 연구는 환경공학의 기초가 되었다.

우리는 넘버 원이라는 일등주의 이데올로기 속에 살고 있다. 하지만 우리가 추구해야 할 진정한 가치는 넘버 원이 아니라 온리 원이다. 온리 원에는 자신의 주체성, 신념, 전문성 등 그 무엇과도 바꿀 수 없는 대체 불가능한 가치가 포함되어 있다. 과거에는 넘버 원이 세상을 지배했지만, 오늘날에는 온리 원이 세상을 지배한다. 베스트는 여럿일 수 있지만 온리 원은 오직 하나이기 때문이다.

온리 원이 중요시되는 것은 기업과 경영에서도 잘 나타난다. 기업들은 그동안 어떻게든 성장산업에 끼어들어 넘버 원이 되려는 전략으로 자원을 집중해왔다. 하지만 세계경제가 불황에 휩싸이고 기업들의 도산이 속출하면서 현재는 온리 원 전략에 초점을 맞추고 있다.

넘버 원은 자신의 위치를 지키기 위해 끊임없는 연구와 투자를 반복해야 한다. 시장의 경쟁자들은 넘버 원을 따라잡기 위해 치열한 넘버 투 싸움을 벌인다. 미투 상품이 범람하고 피를 튀기

는 싸움이 끝날 때쯤 시장은 이미 포화 상태이거나 새로운 트렌
드가 유행한다. 하지만 온리 원을 추구하는 사람은 베스트 원에
는 관심이 없다.

자신을 온리 원으로 만들어라. 자신만의 고유한 가치를 발견
하고 계발하여 온리 원이 되도록 노력하라. 내가 아니면 안 된다
는 생각을 타인들이 갖게 하라. 당신은 이 우주에서 꼭 하나뿐인
존귀하고 위대한 존재이다.

세상의 중심에 서서 온리 원을 외쳐라.
세상의 주인공은 바로 당신이다.

40
꿈은 생각의 크기만큼 자란다
땅의 크기에서 밀린다면 생각의 크기로 맞서야 한다

"땅의 크기에서 밀린다면 생각의 크기로 맞서야 합니다. 자원도, 국토도 작은 나라, 세계로 앞서 가는 큰 나라가 되려면 남다른 생각의 힘이 필요합니다."

한 대기업이 만든 이 광고는 보는 이의 가슴에 불을 질렀다. 특히 젊은이에게 많은 호응을 이끌어냈다.

우리나라는 미국이나 중국처럼 국토가 넓지 않다. 면적을 다 합쳐도 50개 주를 거느린 미국의 한 개 주에 속하는 캘리포니아 주보다 작다. 우리나라의 총면적은 총 100210제곱킬로미터로 일본 홋카이도의 83453제곱킬로미터보다 조금 넓을 뿐이다. 5천만 명 정도 살고 있는 우리나라의 80퍼센트 정도밖에 되지 않은 일본의 한 섬에 550만 명이 거주하고 있다. 인구 밀도를 생각하면 얼마나 좁은 땅에서 살고 있는지 알 수 있다.

하지만 지금 대한민국은 어떤가? 우리는 여전히 세계 1위의 인터넷 속도를 가지고 있는 IT 강국이며, 반도체를 비롯해 각종 전자제품에서 일본을 제치고 당당히 1위 자리를 차지하고 있다. 자동차와 조선 사업을 비롯해 2012년 기준으로 경제 순위 15위에 올라와 있는 선진국이다. 그래서 '땅의 크기에서 밀린다면 생각의 크기로 맞서야 한다'는 위의 광고가 대한민국의 모토처럼 들린다.

사람들은 자기가 가진 생각의 크기 이상을 넘지 못한다. 그래서 내가 무엇을 어떻게 생각하느냐가 바로 나의 크기가 된다. 좁은 생각을 가진 사람이 큰 꿈을 꿀 수 없는 이유이다. 경영학박사이자 철학박사인 데이비드 슈워츠는《크게 생각할수록 크게 이룬다》라는 책에서 이렇게 말했다.

"사람들은 자신의 성공을 가로막는 대표적인 요소로 학력, 재산, 건강, 나이 같은 물질적인 요인을 들고 있다. 그러나 다 틀렸다. 성공을 가로막는 가장 큰 장애물은 자기 자신이다. 좀 더 구체적으로 말하면 크게 성공하려는 생각 자체를 하지 못하는 자기 자신의 마음이다. 성공의 크기는 생각의 크기에 비례한다."

그렇다. 꿈과 성공의 크기는 생각에서 비롯된다. 자신의 분야에서 꿈을 이루고 성공한 사람들은 남다르게 생각하고, 큰 꿈을 꾼 사람들이다. 큰일을 하기 위해서는 큰 꿈을 꾸고 실현 가능한 목표를 세워야 한다. 큰 생각을 갖기 위해 끊임없이 꿈을 꾸어야 한다. 꿈의 크기에 따라 당신의 미래가 달라질 수 있다.

41

가장 단순한 것이 정답이다

단순함의 법칙을 중시했던 아인슈타인과 레오나르도 다빈치

'오캄의 면도날'이라는 용어가 있다. 이 말의 기원이 된 사람은 중세 말기의 위대한 신학자 겸 철학자 윌리엄 오캄이다. 오캄의 존재는 이탈리아의 기호학자 움베르트 에코의 추리소설《장미의 이름》을 통해서 알려진 바 있다. 살인사건의 진실을 자연과학적 탐구자의 자세로 밝혀가는 소설의 주인공 윌리엄 수도사가 오캄을 모델로 한 것이다.

이 용어를 간단히 정의하면 단순하게 이뤄진 설명일수록 우월하다는 것이다. 서양의 중세는 철학적으로 매우 복잡하고 정교한 논쟁이 진행된 시기였다. 그러한 시대가 끝나갈 때쯤 오캄은

‘오캄의 면도날’이라고 불리는 단순함의 원리를 제시한다.

생각을 예리하게 다듬고 쓸데없는 것들을 제거해버린다는 착상에서 ‘면도날’이라는 이름이 붙은 이 원칙은 오늘날까지도 생각의 경제성을 제시해주는 예로 많이 인용되고 있다. 또 나아가 똑같은 사실에 대한 설명이 두 개 있을 때, 더 간단한 설명이 ‘참’이라는 생각으로까지 연결된다.

과학기술의 원리는 어떤 대상이더라도 보편타당해야 하고 일률적이어야 한다. 덧붙여 ‘오캄의 면도날’, 즉 가장 간단한 것이 답을 준다는 원칙에 맞아야 한다. 과학기술자들은 이러한 원칙을 지키려고 애를 쓴다.

세계적인 물리학자 아인슈타인의 생활신조는 ‘더 만들 수 없을 때까지 간단하게 만들어라’였다. 플라톤이나 아리스토텔레스의 저서에서도 단순성의 원리를 발견할 수 있다. 르네상스 시대의 만물학자 레오나르도 다빈치는 “단순함이란 궁극의 정교함이다”라고 했다.

디지털 시대의 성공 키워드는 단순함이다. 복잡하고 수많은 정보가 범람하는 시대일수록 소비자들은 단순하고 실용적이고 즉각적인 것을 원한다. 애플의 창업자 스티브 잡스는 이용자가 쉽고 간편하게 사용할 수 있는 제품 구상에 늘 몰두했다.

"단순함이야말로 최고의 정교함이다."

아이폰을 보라. 지극히 단순하다. 버튼 몇 개만 있다. 필요한 어플은 다운받아 사용할 수 있다. 이 단순함이 아이폰을 네 살짜리 어린아이도 자유자재로 사용할 수 있게 만든다. 사람들은 아이폰을 사용한 지 30분도 채 되지 않아 어떻게 터치하고 클릭해야 하는지 직관적으로 알 수 있다.

사람들의 눈에는 단순한 버튼과 디자인이 보이지만 제품을 사용하다 보면 사람을 위한 배려와 기능의 정교함에 놀라게 된다. 정교함은 눈에 보이지 않게 모두 숨겨져 있는 것이다.

사실 단순함은 간단한 게 아니다. 힘 있고 자신감 있는 사람만이 단순해질 수 있다. 일반적으로 사람들은 단순하게 보일까 봐 오히려 두려워한다. 승자들의 메시지는 단순하다. 단순하면서도 명료하다. 단순성은 사물의 본질로 이끄는 힘이 있다.

꿈을 이룬 사람들은 무엇을 하든 단순성을 유지한다. 최대한 단순한 목표를 설정한다. 단순한 시스템을 만들고, 단순하게 말하고 행동한다. 명확한 목표와 함께 모든 것을 단순화한다. 단순화하는 것이 체질화되어 있다. 일을 단순화하고 일의 본질을 한눈에 파악하는 힘이 뛰어나다. 그리고 행동으로 옮기는데 주저하지 않는다.

무언가를 할 때는 하고자 하는 것을 최대한 단순화시켜라. 인생이나 일에서 문제가 생겼을 경우에도 그렇게 하라. 그러면 문제는 쉬워진다. '기술과 인생은 자신이 허락할 때만 복잡해진다'라는 말이 있다. 단순함의 법칙과 비밀을 아는 순간, 삶은 변하기 시작한다.

Dream Tip

무언가를 할 때는 하고자 하는 것을 최대한 단순화시켜라. 인생이나 일에서 문제가 생겼을 경우에도 그렇게 하라. 그러면 문제는 쉬워진다. 단순함의 법칙과 비밀을 아는 순간, 삶은 변하기 시작한다.

42

근검절약은 꿈의 보증수표이다

33조 원을 사회에 기부한 근검절약의 갑부 워런 버핏

미국 최고의 부자인 워런 버핏은 근검절약하는 것이 몸에 배인 사람이다. 그는 세계에서 두 번째로 돈이 많은 부자지만 10년이 넘은 오래된 차를 직접 몰고 다니는 걸로 유명하다. 한 기자가 그에게 물었다.

"회장님 정도라면 좋은 차에 운전기사를 두고 다녀도 될 텐데 왜 오래된 차를 직접 몰고 다니십니까?"

그러자 워런 버핏이 대답했다.

"나는 부자 아버지를 두지 않았기 때문에 좋은 차를 타고 다닐 수 없습니다."

진정한 부자는 허세를 부리기 위해 돈을 쓰지 않는다. 대신 워런 버핏은 33조 원이 넘는 어마어마한 돈을 사회에 기부했다. 부자들, 특히 자수성가한 사람들은 돈의 미덕과 무서움을 동시에 알고 있는 사람들이다. 처칠은 절약에 대해 이렇게 말했다.

"희망이 없으면 절약도 없다. 우리가 절약하고 아끼는 이유는 무엇인가. 미래를 위해서이다. 미래가 없다면 되는 대로 살아갈 것이다. 미래의 건설을 위해서 한 푼이라도 절약하자. 절약하는 마음 밭에 희망이 찾아온다. 절약과 희망은 연인 사이니까."

절약해야 할 것은 비단 돈뿐만이 아니다. 성공하기 위해서는 무엇보다 시간 절약에 민감하고 익숙해져야 한다. 시간 절약을 하기 위해서는 당신의 24시간을 면밀히 살펴볼 필요가 있다.

사람들은 크게 다음 세 가지 이유로 시간을 낭비한다. 무엇을 해야 할지 모르면서 다른 일을 하기를 꺼리고, 중요한 것을 희생하면서 사소한 것에 매달리는 것이다. 이렇게 시간을 낭비하는 사람과 반대로 꼼꼼하게 시간 계획을 세우고 실천하는 사람과는 큰 차이가 난다.

시간을 절약하기 위해서는 먼저 자신의 머릿속에 스케줄표가 있어야 한다. 그리고 자신의 주변을 어지럽히지 말아야 한다. 항상 정리정돈을 하고 필요할 때 찾아볼 수 있도록 주위를 세팅해야 한다. 미국의 시인이자 퓰리처상을 수상한 칼 샌드버그는 시간의 중요성에 대해 이렇게 말했다.

"시간은 인생의 동전이다. 시간은 네가 가진 유일한 동전이고, 그 동전을 어디에 쓸지는 너만이 결정할 수 있다. 네 대신 타인이 그 동전을 써버리지 않도록 주의하라."

희망이 없으면 절약도 없다. 우리가 절약하고 아끼는 이유는 무엇인가. 미래를 위해서이다. 미래가 없다면 되는 대로 살아갈 것이다. 미래의 건설을 위해서 한 푼이라도 절약하자. 절약하는 마음 밭에 희망이 찾아온다. 절약과 희망은 연인 사이니까.

43

목표 설정을 첫사랑으로 삼아라

100가지 인생 리스트로 행복 전도사가 된 테드 레온시스 회장

꿈을 이루기 위해서는 먼저 목표를 세워야 한다. 허황되거나 추상적인 목표는 필요 없다. 목표는 구체적이고, 디테일할수록 좋다.

"똑똑한 궁수는 활을 쏠 때 그 목표물이 너무 멀리 떨어져 있어서 활로는 맞추기가 어렵다는 것을 자각하면 목표보다 훨씬 높은 곳을 겨냥한다. 미리 높이 겨냥함으로써 가능한 한 그 목표 가까이에 화살이 떨어지도록 하기 위해서이다."

르네상스기의 이탈리아 정치이론가 마키아벨리가 《군주론》에서 말한 명언이다. 냉혹하고 비장한 현실주의자인줄만 알았던 마키아벨리의 말치고는 멋들어진 표현이다. 하지만 그가 말한 것은 목표를 높게 잡으라는 것이 아니다. 행간을 잘 읽어보면 알겠지만 목표에 근접할 수 있게 계획을 짜라는 것이다. 아무리 작은 목표라도 사람은 자신이 세운 목표에 대해서는 열정과 성의를 불태우려는 심리가 있다. 자기암시를 통한 자기만족이라고나 할까.

목표를 세우기 위해서는 먼저 백지에 자신이 생각하는 바를 적어야 한다. 생각만 해서는 잊히기 쉽다. 어느 책의 제목처럼 '바보들은 늘 다짐만 한다'가 되어서는 꿈과 멀어질 것이다. 그리고 자신이 잘 보이는 곳에 놔두어라.

무일푼으로 시작해 스물일곱에 억만장자가 된 테드 레온시스는 어느 날 사업차 비행기를 탔다. 이륙한 지 얼마 후 그가 탄 비행기는 기계 고장으로 만 미터 상공에서 멈춰 섰다. 그는 정말 인정하고 싶지 않은 한 가지 사실에 직면했다.

"이대로 비행기가 추락한다면 나는 절대 행복한 죽음을 맞이하지 못할 거야."

그건 그가 꾸려온 삶에 대한 심판이자 경계경보였다. 그는 돈으로 살 수 있는 것은 다 갖고 있었다. 터무니없이 젊은 나이에 모두가 인정하는 아메리칸 드림을 성취한 뉴욕 브루클린 빈민가 출신 청년에게는 모든 게 만만해 보였다. 하지만 그는 결코 행복하지 않았다.

"그것은 내 일생에서 가장 중대한 발견이었다. 금방이라도 토할 것 같은 상태로 무릎을 덜덜 떨며 비행기에서 내리는 순간, 나는 행복을 추구하며 후회 없는 삶을 살기로 굳게 결심했다. 이는 내 삶을 제대로 살아보라는 또 한 번의 기회이자 선물이었다."

테드 레온시스는 귀국 즉시 〈죽기 전에 이루고 싶은 101가지 목록〉을 작성했다. 그는 목록에서 항목들을 차례차례 지워나가다 보면 행복해질 거라고 생각했다. 이를테면 목록에 있는 목표들을 성실하게 하나하나 이루어나가기만 하면 실제로 죽음의 순간이 다가왔을 때는 최종 목표, 즉 행복이라는 목표를 달성할 것이라고 믿었다.

그 후로 25년이 넘는 세월이 흐른 지금, 처음 목록에 적어놓았던 항목 중 상당수는 이미 오래전에 체크 표시가 되었다. 그리고 이러한 목록 작성이야말로 행복을 향한 긴 여정의 첫걸음이라는 것을 깨달았다. 그는 행복 전도사가 되어 1000회가 넘는 강연을 다녔고 무엇보다 그 자신이 행복해졌다.

꿈과 목표를 이루기 위해서는 테드 레온시스처럼 100가지 정도의 인생 리스트를 만드는 것도 한 방법이다. 중요한 것은 구체적이어야 한다는 것이다. 디테일하면 할수록 목표는 만만해진다. 손에 잡힐 듯 다가온다. 가족 문제, 재정 문제, 소유, 자선, 자신의 직업, 여행, 기타 등으로 항목을 나누어 리스트를 작성하는 게 좋다. 그리고 그 목표가 이루어졌을 때 하나씩 체크를 해나가라. 어느 순간 당신이 하나씩 이루어가고 있다는 것을 발견하고 놀랄 것이다.

월터 크라이슬러는 말했다.

"당신이 진심으로 성공하고자 한다면 자기훈련을 두 번째 사랑으로, 목표 설정을 첫 번째 사랑으로 삼아라."

똑똑한 궁수는 활을 쏠 때 그 목표물이 너무 멀리 떨어져 있어서 활로는 맞추기가 어렵다는 것을 자각하면 목표보다 훨씬 높은 곳을 겨냥한다. 미리 높이 겨냥함으로써 가능한 한 그 목표 가까이에 화살이 떨어지도록 하기 위해서이다.

44

자신의 잘못을 인정하고 반성하라

정직과 용기를 인생의 모토로 삼은 조지 워싱턴 대통령

"정직은 항상 최고의 정책이다."

미국 건국의 아버지이자 초대 대통령인 조지 워싱턴은 오직 정직한 사람만이 흠이 없는 평판을 유지할 수 있다고 믿었다. 아버지가 소중히 여기는 벚꽃나무를 자르고 "제가 잘랐습니다. 어떠한 벌도 달게 받겠습니다. 저는 거짓말을 할 수 없습니다"라고 말한 일화는 유명하다. 아버지의 서슬 퍼런 분노에 주눅이 들어 거짓말을 했을 법도 한데 조지 워싱턴은 거짓말을 하지 않기 위해 잘못을 인정하고 용서를 빈 것이다.

이러한 그의 정직과 용기는 그 후 대통령이 되기 전까지 그리고 대통령이 되고 나서도 변함이 없었다. 부하들에게도 잘못을 저지르면 숨기지 말고 정직하게 말할 것을 요구했다. 자신의 잘못을 인정할 때만이 용서는 있는 것이다.

살다 보면 누구나 잘못을 한다. 그게 말이든 행동이든 잘못을 하지 않는 사람은 없다. 우리 인간은 생각보다 그리 완벽한 동물이 아니기 때문이다. 여기서 중요한 것은 잘못을 저질렀을 때는 자신의 잘못을 감추지 말아야 한다는 것이다. 한 가지 잘못을 감추려고 들면 또 다른 잘못을 저지르기 마련이다. 그러면 잘못이 눈덩이처럼 불어난다. 그리고 잘못을 축소시키지 않는 것도 중요하다. 큰 잘못이든 작은 잘못이든 잘못을 했다는 점에서는 큰 차이가 없기 때문이다.

우리는 매스컴에서 정치인들이나 고위관료들이 부정부패와 거짓말로 일관하는 것을 보면 화가 치밀어 오른다. 누가 봐도 뻔한 거짓말을 하는 것이다. 결국 이러한 거짓은 몇 개월 혹은 몇 년 후에 다 들통이 난다. 자신이 잘못을 저질러놓고 오직 자기 방어를 위해 타인을 희생양으로 삼거나 버티기를 하는 것은 또 다른 잘못만을 양산할 뿐이다.

잘못을 했을 때는 먼저 자신을 들여다보아야 한다. 왜 이런 잘못을 했고 앞으로는 어떻게 해야 똑같은 잘못을 방지할 수 있는지 스스로에게 답을 구해야 한다. 지혜롭고 슬기로운 사람은 한 번은 넘어질지 몰라도 두 번은 결코 넘어지지 않는다는 사실을 명심해야 한다. 《법구경》에는 잘못과 관련된 좋은 문구가 들어 있다.

다른 사람의 잘못을 보기는 쉽지만
자기 자신의 잘못을 보기는 어렵다.
다른 사람의 잘못은
쌀 속의 돌처럼 골라내고
자기 자신의 잘못은
노름꾼이 화투짝을 속이듯 감추어버린다.
다른 사람의 잘못을 보고
계속해서 그것을 되씹고 있는 사람은
마음의 괴로움만을 쌓아가는 것이다.
그는 결코 그 마음의 괴로움으로부터
벗어나지 못한다.

큰 꿈을 위한 여정에서 잘못은 필요불가분하다. 하지만 그것을 반복해서는 안 된다. 그 잘못에서 배우려는 마음 자세가 중요하다. 존 포웰 교수는 "사람이 저지르는 잘못 중에서 가장 큰 잘못은 그 잘못으로부터 아무것도 배우지 못하는 것이다"라고 말했다. 단지 잘못을 인정하는 것에서 그치지 않고 그 잘못으로부터 새로운 것을 배워나가는 자세야말로 빅드림을 꿈꾸는 이가 꼭 간직해야 할 자세이다.

꿈이 없는 것은 부끄러운 일이 아니다

남의 꿈을 이루어주는 노예 같은 삶을 거부하라

"당신의 꿈은 무엇입니까?"

이 질문에 쉽게 대답할 수 있는 사람이 몇 명이나 될까?

세상에는 꿈이 있는 사람과 꿈이 없는 사람으로 나뉜다. 둘은 눈빛부터 다르다. 꿈이 있는 사람은 삶의 태도가 다르다. 목표와 나 사이의 거리감을 계산할 수 있다. 어떻게 가는 길이 가장 빠른 지를 생각하면서 몸을 움직인다. 그러나 꿈이 없는 사람은 산에 오르다 길을 잃은 것처럼 방향감각이 없다. 열심히 해도 내가 지 금 어디 있는지 알지 못하므로 회의에 빠지기 쉬우며 스트레스 를 많이 받게 된다.

꿈은 아무리 어두워도 볼 수 있게 해주는 등불처럼 언제나 사람들에게 충만한 믿음을 갖게 해준다. 고대 중국에서는 꿈을 '뜻'이라고 불렀다. 그래서 고대 중국인들은 '생활이 가난한 사람이라 할지라도 뜻은 가난하지 않다'는 신념으로 꿈을 대단히 중요시 여겼다. 요즘 인터넷에서는 이런 말이 떠돈다.

가난한 것은 결코 부끄러운 일이 아니다.
부끄러운 것은 꿈이 없는 것이다.
꿈이 없는 것은 부끄러운 일이 아니다.
꿈이 있는데도 그 꿈이 두려워
도전하지 않는 것이 더 부끄러운 일이다.

이 세상에 꿈이 없는 사람이 있을까? 나는 없다고 생각한다. 단지 잠시 잊어버렸을 뿐이다. 잃어버린 것이 아니라 잊어버린 것이다. 지금이라도 자신의 꿈을 기억해내야 한다. 그리고 그 꿈을 이루기 위해 몸을 움직여야 한다.

플라톤은 자유인과 노예를 다음과 같이 구분했다.

"자기의 꿈을 이루는 사람은 자유인이고 남의 꿈을 이루어주는 사람은 노예이다."

요즘 세상에는 자유인보다 노예가 많은 것 같다. 꿈을 잊어버리고 꿈을 꿀 줄 모르는 노예 말이다. 많은 사람이 자기의 꿈을 이루기 위해 살아가는 것이 아니라 남의 꿈을 이뤄주기 위해 살아간다. 무엇보다 꿈이 있는데도 꿈을 이루기 위해 도전하지 않는다. 행동하지 않으면 꿈을 이룰 수 없다. 지금부터라도 노예가 아닌 자유인이 되기 위해 몸을 움직여야 한다.

Dream Tip

가난한 것은 결코 부끄러운 일이 아니다. 부끄러운 것은 꿈이 없는 것이다. 꿈이 없는 것은 부끄러운 일이 아니다. 꿈이 있는데도 그 꿈이 두려워 도전하지 않는 것이 더 부끄러운 일이다.

인생에는 쉼표가 필요하다

유럽 탐험가들을 감동시킨 원주민의 지혜

유럽 탐험가들이 원주민과 함께 보물을 찾아 나섰다.

"보수는 넉넉하게 주리다."

탐욕에 눈이 먼 탐험가들은 쉬지도 않고 목적지로 향했다. 그런데 사흘째 되는 날 원주민들이 갑자기 꿈쩍도 하지 않았다. 영문을 알 수 없는 탐험가들은 재촉하듯이 말했다.

"도대체 이유가 뭐요? 돈이 부족합니까?"

그때 원주민의 우두머리가 대답했다.

"우리는 이곳까지 쉬지도 않고 너무 빨리 왔습니다. 우리 영혼이 우리를 따라올 시간을 주기 위해 이곳에서 쉬어야 합니다."

인생에는 쉼표가 필요하다.

위의 일화처럼 자신이 하는 일에 영혼이 따르지 못하면 불행해지기 마련이다. 우리는 행복해지기 위해 산다. 불행을 위해 사는 사람은 아무도 없다.

한국의 중년 남성 사망률이 세계 최고 수준이라는 것은 주목할 필요가 있다. 사망의 주된 원인이 스트레스와 과도한 업무 등을 통해 자신의 몸을 혹사시킴으로써 얻게 되는 심혈관 질환, 간 질환이라는 것도 안타까운 일이다. 이러한 현상은 음악으로 설명하면 인생이라는 악보에 쉼표가 빠진 탓이다. 쉼표가 빠진 인생은 브레이크가 파열된 폭주 기관차일 뿐이다. 궤도를 이탈하면 결국 파멸로 치닫기 때문이다.

인생의 짐이 무겁게 느껴진다면 휴식을 가져야 한다. 인생에는 쉼표가 필요하고 그 쉼표는 인생을 더욱 풍요롭게 한다.

아무리 바쁜 일이 있더라도 잠시 일을 내려놓고 지금의 자신을 바라볼 수 있는 시간이 필요하다. "인간은 어떻게 쉬느냐에 따라 그 인생이 달라진다"라고 말한 에리히 프롬의 말을 잊지 말아야 한다.

꿈과 행복을 위해 잠시 쉼표를 찍을 줄 아는 여유가 필요하다. 쉼표는 마냥 노는 것이 아니다. 쉼표는 삶의 일부분이다. 인생이

아름다운 이유는 음표와 음표 사이의 간격, 쉼표가 있기 때문이
아닐까?

소셜 네트워크 속에 꿈의 열쇠가 있다
블로그를 이용해 자신의 꿈을 이룬 카일과 스콧 슈만

'케빈 베이컨의 6단계 법칙'이라는 게 있다.

이 법칙은 미국의 어떤 배우라도 같은 영화에 출연한 배우끼리 관계를 따지다 보면 평균 6단계 만에 베이컨과 연결된다는 것이다. 한때 미국에서는 배우들이 케빈 베이컨과 몇 단계 만에 연결되는지를 찾는 게임이 유행했으며 한국에서도 붐을 이루었다.

예를 들면 안성기와 김태희는 함께 연기한 적이 없지만 설경구를 통해 두 단계 만에 연결된다. 〈실미도〉에서 설경구가 안성기와 함께 연기했고, 〈싸움〉에서 김태희와 함께 부부로 출연했기 때문이다. 이 법칙에 따르면 우리는 여섯 단계만 거치면 이 세상의 누구와도 연결될 수 있다. 나는 버락 오바마를 직접 만난 적이 없지만 이 법칙대로 연결시켜 보니 4단계 만에 오바마를 만날 수 있었다.

이 법칙은 마이크로소프트의 에릭 호비츠가 발표한 연구로 더 눈길을 끌었다. 그는 자사의 인터넷 메신저 사용자 1억 8천만 명이 한 달간 주고받은 대화 기록을 조사했다. 에릭은 놀랍게도 한 쌍의 사람들이 평균 6.6단계를 거치면 서로 연결된다는 사실을 밝혀냈다.

우리는 그동안 혈연, 학연, 지연 이외에 사람들을 만나는 게 어려웠다. 하지만 90년대에 들어서 인터넷 PC통신이 생기고 각종 동호회가 범람한 후 우리들은 폭넓은 인적 네트워크를 형성할 수 있게 되었다. 영화, 사진, 등산 같은 취미를 공유하는 이들끼리 모임이 형성되고, 그들 때문에 새로운 인맥이 늘어났다. 요즘은 SNS의 등장으로 유명인들과 직접 이야기를 나눌 수 있는 세상에서 살고 있다. 군이 '케빈 베이컨의 6단계 법칙'을 적용하지 않더라도 직접 소통할 수 있는 창구가 마련된 것이다. 나와 4단계 만에 연결되었던 버락 오바마는 트위터와 페이스북을 통해 바로 연결될 수 있게 된 것이다.

70억 명의 세계인들이 나와 연결될 수 있다는 것은 무엇을 의

미하는가? 그건 이 광활한 인적 네트워크 시대를 발판으로 자신의 꿈을 이루기 위해 엄청난 도구가 될 수 있음을 의미한다.

실제로 카일 맥도날드라는 청년은 이 네트워크 법칙을 통해 자신의 꿈을 이루었다. 카일은 당시 25세의 백수로 1년 안에 집을 갖는 것을 목표로 삼았다. 그가 제일 먼저 한 것은 자신의 블로그에 빨간 클립 하나를 올린 것이다. 그리고 제안했다. 더 크고 더 좋은 물건으로 교환하고 싶다고. 그렇게 해서 빨간 클립 하나는 물고기 모양의 펜과 휴대형 발전기, 야크 여행권, 음반 취입계약서, 영화 출연권을 거쳐 마침내 카일이 원하던 2층 집을 손에 넣을 수 있었다.

자신에게는 중요한 물건이 아닌 것이 다른 사람에게는 더없이 소중할 수도 있다. 하지만 이렇게 서로의 물건을 교환하며 서로가 만족할 수 있는 결과를 이끌어낼 수 있었던 것은 네트워크로 촘촘히 이어진 시대에 살고 있기 때문이다. 블로그와 아이디어만 있어도 자신의 꿈을 이룰 수 있는 시대에 살고 있는 것이다.

끊임없이 진화하는 인터넷 시대와 네트워크를 활용해 꿈을 이룬 사람이 많이 생기고 있다. 세계적인 포토그래퍼로 유명한 스콧 슈만이 그 대표적인 인물이다.

그는 9.11 사태로 운영하던 쇼룸을 닫고 백수로 지냈다. 우연히 딸의 사진을 찍게 되면서 무대에 서는 전문 패션모델과 거리를 활보하는 사람들의 패션에는 차이가 있다는 것을 깨달았다. 그리고 그날부터 거리에서 패션 감각이 뛰어난 사람들의 사진을 찍기 시작했다. 슈만이 그저 사진 찍기만을 했다면 오늘날처럼 이렇게 유명해지지 않았을 것이다. 그는 찍은 사진들을 자신의 블로그에 올렸다. 슈만의 블로그는 천천히 입소문을 타기 시작했다. 네티즌들은 거리를 나서면 흔히 볼 수 있는 사람들의 모습 속에서 전문 모델과는 다른 친밀감을 느꼈다.

슈만의 블로그는 입소문을 타고 인터넷에서 점점 화제가 되었다. 취미로 시작한 그의 블로그는 세계 패션계에 점차 영향력을 행사하기 시작했으며 전 세계 패션 블로그 중 가장 영향력 있는 블로그 1위에 2년 연속 선정되었다. 〈타임〉지는 '디자인 부문 가장 영향력 있는 100인'에 1위로 그를 선정하기도 했고, 그가 발간한 책은 전 세계적인 베스트셀러가 되었다. 그뿐 아니라 그의 블로그에는 세계 명품 브랜드들이 앞다투어 광고 요청을 했고, 세계 각지에서는 초청이 이어졌다. 급기야는 한국 자동차 광고 모델로 등장하기도 했다.

이렇듯 카일 맥도날드와 스콧 슈만은 소셜 네트워크로 대변되는 인터넷 시대를 잘 활용해 자신의 꿈을 이루었다 세상은 거미

줄처럼 촘촘하게 이어져 있다. 불과 20여 년 전만 해도 상상할 수도 없는 일들이 이루어지고 있는 것이다.

지금 자신의 꿈을 점검해보자. 이 소셜 네트워크를 활용해 어떻게 자신의 꿈을 구현시킬 수 있는지 곰곰이 생각해보자. 시대에 뒤떨어져서는 아무리 큰 꿈도 꿈으로만 끝날 수 있다. 소셜 네트워크라는 시대적 배경 속에 자신의 꿈을 하나하나 대입시키다 보면 뜻밖의 아이디어가 떠오를 수도 있다. 소셜 네트워크는 당신의 꿈을 맘껏 펼칠 수 있도록 도와주는 열쇠이다.

Dream Tip

지금 자신의 꿈을 점검해보자. 이 소셜 네트워크를 활용해 어떻게 자신의 꿈을 구현시킬 수 있는지 곰곰이 생각해보자. 소셜 네트워크는 당신의 꿈을 맘껏 펼칠 수 있도록 도와주는 열쇠이다.

48
명확하지 않은 것은 목표가 아니다
고아에서 갑부가 된 도미노 피자 창업자 토머스 모너건

미국의 한 고아원에 소년이 들어왔다.

"다시는 내 눈에 보이지 않도록 죽여버리겠어."

소년은 원생들과 늘 싸움을 일삼았다. 아무도 그를 말릴 수가 없었다. 고집이 세고 과격했다. 그를 통제할 수 있는 사람은 베라다 선생님뿐이었다.

"너는 장차 큰 사람이 될 거야. 큰 꿈을 가져."

베라다 선생님은 늘 소년에게 큰 꿈을 가지라고 조언했다.

하지만 소년의 싸움은 그칠 줄 몰랐고 결국 고아원에서 쫓겨나는 신세가 되었다. 거리로 나온 소년의 눈에 눈물이 맺혔다. 거리를 떠돌다가 우연히 피자 가게를 발견했다.

'그래. 피자 가게에 취직하는 거야. 많은 돈을 벌지는 못하더라도 굶어죽지는 않을 거야.'

피자 가게에서 일하게 된 소년은 누구보다 열심히 일했다. 목표를 세우고 그 목표에 도달하지 않으면 잠도 자지 않았다.

'내 목표는 이 가게에서 가장 빨리 피자를 만드는 거야.'

몇 년 후 소년은 11초 안에 피자를 반죽하는 탁월한 솜씨를 갖게 되었다. 소년에게는 누구에게도 말하지 않은 꿈이 있었다. 그건 프로야구단의 구단주가 되는 거였다. 하지만 고아 출신의 피자 가게 소년에게 그건 너무 멀고 큰 꿈이었다.

"베라다 선생님이 꿈을 크게 가지라고 했어. 난 저 하늘에 있는 커다란 별을 딸 거야."

몇 년 후 소년은 피자 회사를 설립하게 되었다. 아침 10시부터 새벽 4시까지 18시간 동안 쉬지 않고 일한 결과였다. 중간에 동업자에게 사기를 당해 어려움을 겪긴 했지만 아무도 소년의 꿈을 막지는 못했다. 소년의 이름은 토머스 모너건, 회사 이름은 도미노 피자였다. 그의 회사가 전 세계적으로 성공할 수 있었던 것은 시간 약속 마케팅 덕분이었다.

"30분 안에 피자를 배달해 드립니다."

11초 안에 피자를 만들 수 있었던 토머스는 고객들이 원하는 것을 알고 있었다. 그것은 빠른 시간 안에 따뜻한 피자를 집에서 받을 수 있는 것이었다.

"30분 안에 피자를 배달하지 못하면 무료로 드리겠습니다."

사람들은 깜짝 놀랐다. 그의 선전에 도미노 피자는 불티나게 팔렸다. 정확한 시간, 식지 않은 동그란 피자, 네모난 포장 등은 다른 피자 회사에는 볼 수 없는 것들이었다. 회사의 목표를 명확하게 하자 직원들의 목표 또한 명확해졌다.

도미노 피자는 2011년 현재 전 세계 67개국, 9000여 개 이상의 점포를 두고 있으며 그의 꿈이었던 명문구단인 디트로이트를 운영하고 있다. 그는 수많은 청소년들에게 장학금을 지급하고 있으며 늘 "꿈을 크게 가져라"고 조언한다.

토머스 모너건에게는 확실한 목표와 꿈이 있었다. 그것이 고아 출신의 싸움꾼이자 문제아였던 그를 부자로 만든 가장 큰 원동력이다.

Dream Tip

목표가 있기에 도전할 수 있는 용기도 주어진다. 목표는 되도록 계량화, 수치화시켜야 한다. 언제까지 얼마의 것을 이루겠다는 분명한 계획이 있어야 한다. 명확하지 않은 목표는 더는 목표가 아니다

49
길이 없으면 만들면서 가라
세계 최초로 교육보험을 계발한 교보생명 창업자 신용호 회장

한 소년이 있었다.

전남 영암 월출산 기슭에서 6남 중 5남으로 태어난 소년은 집안이 어려워 초등학교도 다니지 못했다. 하지만 공부에 대한 열정은 대단했다. 학교를 다니지 못했으니 가르침을 준 스승이 있을 리 없었다. 하지만 소년에겐 처한 환경이 곧 학교였고, 역경과 고난 속에서 만난 수많은 사람이 그의 스승이었다.

―배우면서 일하고 일하면서 배운다.

소년은 자신의 이력서란에 위의 글귀를 즐겨 써놓았다. 중학교, 고등학교에 다니는 선배들에게 책을 빌려서 독학했다. 책을

잡는 순간부터 손에서 책이 떠나질 않았다. 19세에 중국으로 건너가 거친 대륙 생활을 시작하면서 그에겐 반드시 성공해야겠다는 불굴의 의지가 불타올랐다.

"억울하고 분하다고 한탄만 해서는 안 된다. 성공해서 반드시 이겨야 한다. 내 삶은 내 것이다."

소년은 책 읽기를 좋아했다. 시간이 있을 때마다 서점으로 향했다. 쪼그리고 앉아 책을 읽었고 지식인들을 찾아다녔다. 우여곡절 끝에 서울 입성에 성공한 그는 민주출판사를 설립해 책을 출간하기 시작했다. 덕분에 서울의 많은 지식인과 친분을 다질 수 있었다. 무엇보다 책에서 얻은 지식이 한몫을 했다. 그와 얘기를 나누는 사람은 다들 깜짝 놀랐다.

"아니 어떻게 초등학교도 안 다닌 사람이 저렇게 유식하고 머리가 좋을까?"

소년은 지식인들보다 훨씬 체계적인 사고를 가지고 있었다. 시, 문학, 철학, 종교, 건축 등의 분야를 특히 좋아했던 그의 앞에 어느 날 섬광처럼 생각의 불꽃이 터졌다.

"앞으로 교육이 지금보다 더 중요한 시대가 올 거야."

교육과 보험을 연관한 교육보험이라는 아이디어가 떠오른 순간이었다. 세계 보험사상 누구도 생각해내지 못했던 전대미문의 교육보험이었다. 소년은 회사명을 '교육'이라는 단어가 들어간 대한교육보험으로 정했다.

세계 최초로 계발한 교육보험. 그는 여기에서 그치지 않고 건강보험의 효시인 암보험을 처음으로 출시해 역시 대히트를 친다. 그가 하면 '최초'라는 수식어가 붙었고, 새로운 아이템들이 연이어서 터져나왔다. 하지만 마음 한구석에는 여전히 허전함이 있었다.

무일푼에서 시작해 천문학적인 돈을 모은 그는 1980년 종로 1번가 1번지에 당시로서는 초현대식 건물을 세운다. 그가 세운 보험회사는 어느새 교보생명이라는 이름으로 바뀌었고, 그 건물은 교보빌딩이 되었다. 교보라는 이름은 '교육보험'에서 두 글자를 따서 만들었다.

그의 이름은 신용호. 교보생명과 교보문고는 그렇게 탄생했다. 신용호 회장은 학력(學歷)이라는 말보다는 학력(學力)이라는 말을 자주 인용했다. 학교를 다닌 경력이 중요한 게 아니라 배운 힘이 더 중요하다는 의미에서였다. 그리고 자신의 콤플렉스에 기죽지 않고 그것을 성공의 기반으로 삼았다. 무엇보다 교육의 중요성을 스스로 간파했고 그 누구보다 책을 사랑했다.

"중요한 건 제도권 교육이 아니라 맨손가락으로 생나무를 뚫

겠다는 의지이다."

신용호 회장이 생전에 가장 즐겨 썼던 말이다. 그는 '길이 없으면 만들면서 간다'는 신념으로 성공한 후에도 늘 배우는 자세로 임했던 신용호 회장. 그는 자신의 자서전 제목으로 사용했던 고은의 시처럼 '길이 없으면 길을 만들고 간다'를 몸으로 실천했다.

"희망이란 본래 있다고도 할 수 없고 없다고도 할 수 있다. 그것은 마치 땅 위의 길과 같은 것이다. 본래 땅 위에는 길이 없었다. 걸어가는 사람이 많아지면 그것이 곧 길이 되는 것이다."

중국을 대표하는 소설가이자 사상가인 노신의 말이다.

인생이라는 여행을 가치 있게 만들어주는 것이 바로 꿈이다. 길이 없으면 만들면서 가라. 길이 없는 곳일지라도 여러 사람이 지나가면 그것이 곧 길이 된다. 그 길 속에서 자신의 꿈을 발견하라. 어떤 꿈을 꾸느냐에 따라 당신의 인생이 바뀐다는 것을 명심하라.

Dream Tip

인생이라는 여행을 가치 있게 만들어주는 것이 바로 꿈이다. 길이 없으면 만들면서 가라. 길이 없는 곳일지라도 여러 사람이 지나가면 그것이 곧 길이 된다. 그 길 속에서 자신의 꿈을 발견하라.

새우잠을 자더라도
고래꿈을 꾸어라

1판 1쇄 발행 2013년 7월   2일
1판 3쇄 발행 2013년 7월 30일

지은이   김선재
발행인   허윤형
펴낸곳   황소북스
주소   서울 마포구 동교동 LG팰리스빌딩 1424호
전화   02 334 0173 팩스 02 334 0174
홈페이지 www.hwangsobooks.co.kr
블로그   http://blog.naver.com/hwangsobooks
커뮤니티 http://cafe.naver.com/hwangsobooks
트위터   @hwangsobooks
등록   2009년 3월 20일(신고번호 제 313 - 2009 - 54호)

ISBN 978-89-97092-22-2(13320)

내가 꿈을 이루면 나는 누군가의 꿈이 된다

이도준 지음 | 224쪽 | 값 13,800원

꿈을 잊고 살아가는 2030 세대에게 전하는 메시지

이 책의 메시지는 단순하다. 꿈을 이루기 위해 앞만 보고 달려가기보다는 누군가의 꿈이 되기 위해 '꿈'을 꾸라는 것이다. 존 고다드, 스티브 잡스, 워런 버핏, 헤르만 헤세, 로맹 롤랑 등 자신의 꿈을 향해 달려가 마침내 꿈을 이룬 사람들의 감동적인 인생 이야기를 담았다.

생각대로 살지 않으면 사는 대로 생각하게 된다 1

은지성 지음 | 232쪽 | 값 13,800원

생각대로 살 것인가, 사는 대로 생각할 것인가?

불우한 환경 속에서도 역경과 고난을 이겨내고 자신만의 삶을 일군 사람들의 가슴 찡한 인생 이야기. 사는 대로 생각한 것이 아니라 자신의 생각대로 꿈과 목표를 향해 달려가 마침내 그 꿈을 이룬 사람들의 이야기를 통해 실의에 찬 현대인에게 삶과 오늘의 진정한 의미를 묻는다.

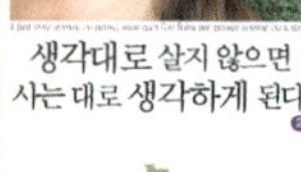

생각대로 살지 않으면 사는 대로 생각하게 된다 2

은지성 지음 | 232쪽 | 값 13,800원

생각을 바꾸면 행동이 변한다. 행동을 바꾸면 인생이 변한다

전작 『생각대로 살지 않으면 사는 대로 생각하게 된다』에 이은 두 번째 이야기. 어려운 환경과 역경 속에서도 신념과 의지를 잃지 않고 자신이 세운 목표를 향해 달려가 마침내 꿈을 이룬 이들의 감동적인 인생 이야기가 펼쳐진다.

훔쳐라: 원하는 것을 내 것으로 만드는 법

이도준 지음 | 232쪽 | 값 13,500원

유능한 창조자는 모방하고 위대한 창조자는 훔친다

이 책은 처칠, 샤넬, 유재석, 앤더슨 쿠퍼, 힐러리, 안정환, 서머셋 모옴 등 위대한 인물들의 생활과 일화 등을 통해 꿈을 만드는 방법, 질문력, 정리정돈, 자신감, 유머, 근검절약, 설득력, 창조력, 부지런함, 자기 확신, 배려심 등 무형의 자산을 훔칠 기회를 제공한다.

직관: 내 안에 숨은 1%를 깨우는 마법의 힘

은지성 지음 | 224쪽 | 값 13,500원

생각대로 살지 않으면 사는 대로 생각하게 된다

"당신의 마음과 직관을 따를 용기를 가져라"는 말을 남긴 스티브 잡스에서부터 아인슈타인, 레이 크록, 에디슨, 리처드 브랜슨, 링컨, 찰리 채플린, 이작 펄만 등 자신의 직관대로 산 위인들의 가슴 찡하고 감동적인 이야기가 실려 있다.

성공은 쓰레기통 속에 있다

레이 크록 지음 | 장세현 옮김 | 320쪽 | 값 15,000원

맥도날드 창업자 레이 크록의 자서전

자그마한 도시의 일개 레스토랑에 불과하던 맥도날드를 오늘날의 세계적 기업으로 성장시키고, 나아가 프랜차이즈 업계의 혁명을 일으켜 하나의 산업을 창조해낸 레이 크록이 직접 들려주는 놀라운 인생 이야기가 담겨져 있다.

미국의 한국 부자들

송승우 지음 | 264쪽 | 값 13,800원

미국에서 부를 이룬 코리안 GOOD RICH 10인의 백만불짜리 성공학

미국에서 부자가 된 토종 한국인의 성공과 인생 역정을 담은 책. 바이오 회사의 미국 법인장으로 근무하고 있는 저자가 10명의 한국 부자에게 직접 들은 노하우와 부자 되기 비결을 알려준다. 취재와 집필 기간을 비롯해 2년 남짓 걸려 완성한 역작.

맥도날드 사람들

폴 퍼셀라 지음 | 장세현 옮김 | 320쪽 | 값 15,000원

전 세계 120개국 31000개의 매장을 거느린 맥도날드의 7가지 성공원칙

맥도날드 창업자 레이 크록부터 현 CEO인 짐 스키너까지 8명의 최고경영자들을 비롯한 주요 임원, 매장 운영자 및 원료 공급원자 등 수십 명을 인터뷰한 내용을 바탕으로 맥도날드를 세계 최고의 브랜드로 만든 비밀을 밝히려는 시도를 담은 책.